通幽 7

围棋

从入门到九段

3段到4段
1000题

陈　禧
胡啸城
卫泓泰
———　著

化学工业出版社

·北京·

图书在版编目（CIP）数据

围棋从入门到九段.7，通幽：3段到4段1000题 / 陈禧，
胡啸城，卫泓泰著. —北京：化学工业出版社，2022.9
ISBN 978-7-122-41690-2

Ⅰ.①围… Ⅱ.①陈… ②胡… ③卫… Ⅲ.①围棋—教材
Ⅳ.①G891.3

中国版本图书馆CIP数据核字（2022）第105383号

责任编辑：史　懿　　　　　　　　　　　封面设计：溢思视觉设计／尹琳琳
责任校对：赵懿桐　　　　　　　　　　　装帧设计：宁小敬

出版发行：化学工业出版社（北京市东城区青年湖南街 13 号　邮政编码 100011）
印　　装：河北京平诚乾印刷有限公司
787mm×1092mm 1/16　印张 12¼　字数 180 千字　2023 年 1 月北京第 1 版第 1 次印刷

购书咨询：010-64518888　　　　　　　售后服务：010-64518899
网　　址：http://www.cip.com.cn
凡购买本书，如有缺损质量问题，本社销售中心负责调换。

序　言

我和奇略合作"从入门到九段"有不少时间了。这套选题最早来自于一次吃饭，泓泰说：上次出版的《零基础学围棋：从入门到入段》反响不错，再挑战一次"从入门到九段"怎么样？

于是经过近两年的设计、制作、编排，这套书终于要和大家见面了。题目全部是陈禧职业五段原创的。他热爱创作死活题，这些题目在网上有数千万人次的做题量和大量的反馈，经过了充分地检验和锤炼。其中高段分册的有些题目我看到了也需要思考一段时间，做完之后，感受很好，确实有助于基本功的训练。

围棋学习是提升自己思维素养的过程，最讲究记忆力和计算力的训练。

常用的棋形，需要记得快，还要记得准、记得牢。必须要养成良好的学习习惯：多下棋，下棋之后复盘，长此以往会慢慢养成过目不忘的能力，下过的棋全部摆得出来。围棋的记忆，不仅要了解一个形状，还要记住上下关联的变化，理解得越深，记得越全面。记的东西多了，分门别类在头脑中整理好，就有了一套自己的常用知识体系，形成了实战中快速反应的能力。

实战中总有记不完的新变化，围棋对弈还尤其考验临机应变的能力。出现新变化的时候，需要进行计算。计算是在头脑中形成一块棋盘，一步一步地在上面落子，进行脑算；同时还需要有一个思维体系，从思考为什么会有这样的棋形开始，到思考这个变化为什么可行，那个变化为什么不行。这里说的计算，包含了大家平时说的分析和判断。通过综合训练，逐渐拥有强大的想象力，形成围棋中克敌制胜的计算力。

围绕训练这两种能力，奇略做了错题本和死活题对战的新功能，比我们那个时候训练的条件还要更进一步。一套好书，可以是一位好的教练，一位好的导师。希望通过这套书能够让围棋爱好者和学员们真正提高自己的硬实力，涌现出更多优秀的围棋人才，超越我和我们这一代棋手。

职业九段是我职业生涯中重要的里程碑，是我新征程的开始。而对于广大爱好者来说，从入门到九段，可能是一段长长的征程，有着无数的挑战。这里引用胡适先生论读书的一段话，与大家共勉："怕什么真理无穷，进一寸有一寸的欢喜。即使开了一辆老掉牙的破车，只要在前行就好，偶尔吹点小风，这就是幸福。"

2022 年 8 月

前　言

很高兴这套书遇到了您。

这套书，献给那些对自己有要求的爱好者和对提升学生棋力最热忱、最负责任的围棋老师们。

奇略是一家以做围棋内容和赛事起步的公司，目前是业内最主要的围棋内容，尤其是围棋题目的供应方之一。我们长期支持各类比赛，包括北京地方联赛和全国比赛。进入人工智能时代，我们相信，围棋的学习一定是围绕着提升棋手自身综合素养进行的。通过学习围棋，每位棋手都可以成为有创新意识，有独立分析能力的优秀人才。

奇略坚持创新和创作，坚信天道酬勤。当我们开始创作这样一套综合题库时，我们合理安排每一道题，每一章都为读者设计了技巧提示和指引，每一项围棋技能都邀请了顶尖的职业棋手寻找更好的训练方式。

从入门到九段，不仅要有充足的训练资源，还要有有效的训练方式和成长计划。今天这份成长秘籍已送到您的手边。我们从十年来原创的题目中，选取了棋友反馈最多的题目——10000道！按照难度进行编排。它们将会推动您一点一点成长，我们可以想象出无数孩子和爱好者一道一道做下去时兴奋的表情。

日常训练的时候，最头疼的就是：很多时候想这么下，但是答案没有这个分支，一道一道都去问老师要花很多时间，想自己摆棋，棋子太多也要摆好久。

如今奇略将答案全部电子化，更找到北京大学生围棋联赛的同学们，根据爱好者的反馈，给每一道题加上了详细的变化。为了方便大家提升，我们还做了电子错题本和知识点图解。我们会结合您做题中的反馈，对您的专注力、计算力和记忆力做出分析，让您的成长走捷径。

千里之行，始于足下，让我们现在开始吧。

本套书的成书过程得到了太多人的支持，在此感谢科大讯飞联合创始人胡郁，海松资本陈飞、王雷，北京大学校友围棋协会会长曾会明的大力支持。成书期间，周睿羊九段多次来奇略为我们摆棋指导，感谢周睿羊九段的意见让这套书更完善。

卫泓泰　胡啸城　陈　禧

2022 年 8 月

目 录

凡　例

1. 本书题目均为黑先，答案为无条件净活 / 净杀或有条件劫活 / 劫杀。

2. 本书题目大致按照知识点、难度排序，建议读者循序渐进，按照舒适的节奏安排练习。

3. 读者可以直接在书中作答，也可扫描书友卡中的二维码，在电子棋盘上进行互动答题并用错题本记录错题。

4. 读者在进入答题界面后，可以按照下列操作进行答题，也可以输入题目序号，找到对应题目后直接作答。

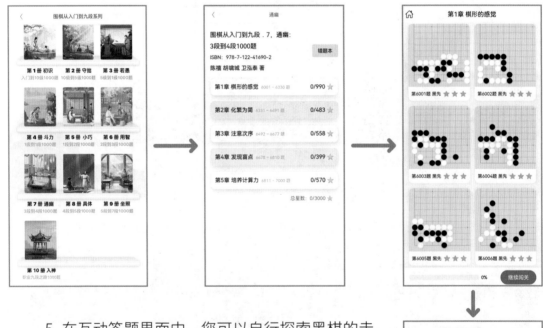

5. 在互动答题界面中，您可以自行探索黑棋的走法，系统将会自动给出白棋的最强应对，并在达到正确结果或失败结果时做出说明。

我们的答题界面、解题过程会持续优化、更新。愿我们的小程序和 App 一直陪伴您的学棋之路，见证您棋艺的提高。

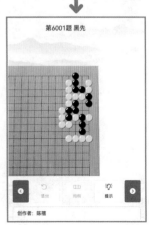

棋形的感觉

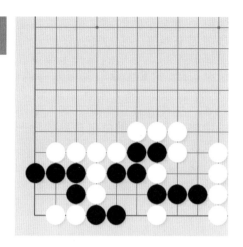
图 1

随着对局量和做题量的上升，棋力达到了一定水平之后，就会逐渐形成"棋形的感觉"，又称"棋感"。在解题过程中快速识别某些常见棋形，可以有效避免陷阱，在最短时间内找到正确答案。

如图 1，此时黑棋在角里和边上都有做眼的可能，然而需要提防自身气紧的弱点。黑棋先行，该如何行棋呢？

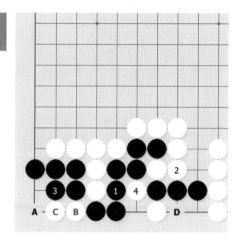
图 2

如图 2，黑 1 粘是正常的补断思路，意在最大限度地扩张己方的眼位。然而白 2 粘之后，黑棋自身立刻出现气紧的问题，左右无法两全。

接下来黑 3 打吃是最强抵抗，然而白 4 扑后，黑棋仍然动弹不得。接下来黑棋如果在 A 位提，白 B 位扑，黑 C 位提，白 D 位爬，黑棋仍然只有一只真眼，无法做活。

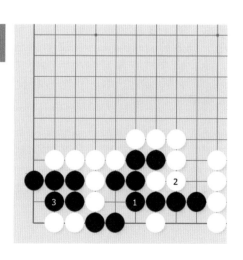
图 3

如果"棋感"较为敏锐，就可以避开图 2 中的情况，直接找到正解。如图 3，黑 1 直接粘才是最佳的第一手，角里和边上构成清晰的见合。白 2 如果粘，黑 3 再打吃即可获得第二只真眼，无条件净活。

"棋感"是高手在对局中的制胜法宝。通过很多次练习之后，相信您也可以具备良好的"棋感"，通过直觉掌握题目的要领。

化繁为简

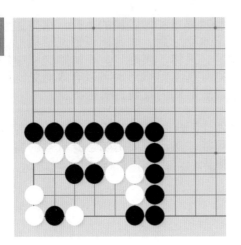

图 4

即使是一道复杂的问题，也可以被每个正确步骤逐渐解开，变成更加简单的问题。如果能够推断出正确的第一步或第二步，就已经可以"化繁为简"，降低解答的难度。

如图 4，左下角有三颗黑子落入陷阱，即将被白棋包围，但是白棋自身的眼形也尚不完整。黑棋先行，该如何行棋呢？

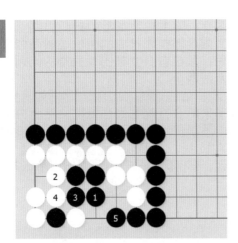

图 5

如图 5，黑 1 愚形弯出是正确的第一步，首先将关乎眼形的两颗黑子救了出来。白 2 挡住护眼是局部的最佳应对。这样一来，黑 1 与白 2 的交换已经几乎确定，题目的复杂度也减小了许多。

现在黑棋只需及时破眼，并确保自身棋子的连络，即可杀掉白棋。黑 3 打吃只此一手；白 4 如果提，黑 5 简单连回即可达成目标。当然，白棋如果在 5 位扳，黑棋在 4 位打吃之后也可以赢得对杀，有兴趣的棋友可以自行验算。

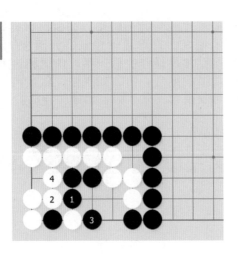

图 6

如图 6，黑 1 直接打吃不够明智，被白 2 提掉之后刚好自撞一气，已经无法净杀白棋。此时黑 3 打吃是最强的后续着法，白 4 反打吃之后形成劫争。和图 5 相比，本图的结果显然不能算是最佳。

本题中，我们采用"化繁为简"的思路简化棋形，将复杂的问题转化为更加简单的问题。在解答难度更大的题目时，如果能找出最初较为必然的几手棋，一定会对正向推理有所帮助。

注意次序

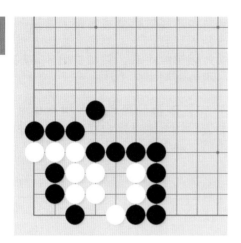

在解答变化较多的死活题时，为了追求对己方最为有利的下法，通常需要"注意次序"才能避开陷阱。假如错过了稍纵即逝的时间点，之后就可能再也无暇走到原来的位置，对最终结果产生微妙而深远的影响。

如图7，左下角的白棋看起来形势不妙，但黑棋也不可粗心大意。黑棋先行，该如何行棋呢？

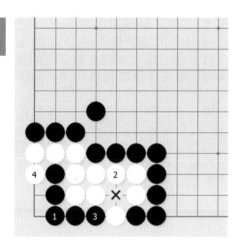

如图8，黑1粘是本题的要点，可以确保自身的气足够长。白2粘住是唯一避免被净杀的着法；黑3打吃、白4爬之后，×位形成黑棋先提劫的保留劫。

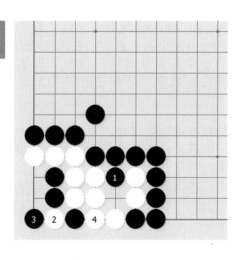

黑棋如果没有率先抢占图8中黑1的粘，就会错过本题的正解。如图9，黑1如果冲，白2扑是机敏的一手；黑3提、白4打吃之后，形成白棋先提劫的保留劫，故本图的结果和图8比起来稍逊一筹。

在高度精确的解题过程中，不仅要留意棋形的要点，也要注意行棋的次序。正解图和失败图往往只有一步棋的区别，所以请大家一定不要放松警惕啊！

发现盲点

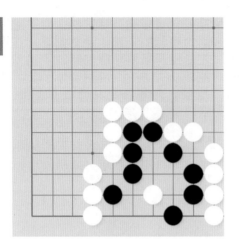

图 10

死活题中不易被察觉或发现的着法，就是这道题的"盲点"。想要"发现盲点"，必须突破思维定式，尝试找出非常规的手段，才有可能出其不意。

如图 10，下边的黑棋被白棋点中要害，看上去已经难以抵挡白棋的攻势，生存希望渺茫。黑棋先行，该如何行棋呢？

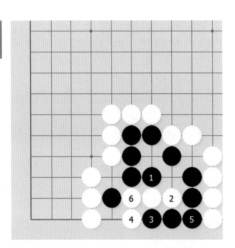

图 11

如图 11，黑 1 护眼是必然的第一步，首先确保自身内部的眼形不受到进一步破坏。白 2 长之后，如何处理下方的第二只潜在眼位就成了黑棋需要解决的问题。

对此黑 3 长是常规思路，但白 4 打吃、黑 5 粘、白 6 粘之后，白棋数子安然连回，黑棋明显失败。黑 3 如果改在 6 位阻渡，那么白棋又可以通过 5 位断的另外一条路径回家。

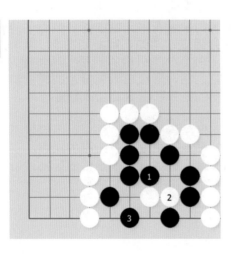

图 12

如图 12，经过仔细思考之后，我们发现黑 3 小尖是出其不意的妙手，同时也是本题的盲点！这手棋同时阻断了白棋两边的联络，成功吞下腹中的两颗白子，形成净活。

随着题目难度的增加，"盲点"的位置也更加隐蔽，常常需要仔细推敲才能发现。如果能够第一眼就看出一道题的"盲点"所在，代表您的棋力真的攀上一层楼了！

培养计算力

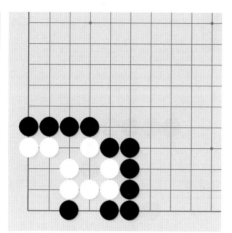

无论是什么样的死活题，最终的目标都是要"培养计算力"。从刚刚入门的初学者，到荣登世界巅峰的职业九段，都需要通过解死活题培养自身的计算力，这样，在棋局进入复杂的攻杀阶段时，才会更有希望立于不败之地。

图 13 中，左下角白棋的眼形尚不明朗，死活状态不明。黑棋先行，该如何行棋呢？

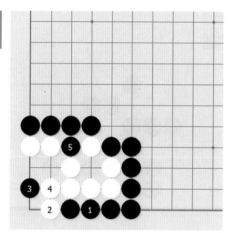

如图 14，黑 1 连回己方棋子是比较合理的第一步。白 2 挡之后，黑 3 点是最犀利的一着！瞬间白棋无法动弹，白 4 如果粘，黑 5 打吃不仅破坏了右侧的眼位，也使得左侧的眼位更加气紧。这样，白棋最多只能做出一只真眼，无条件净死。

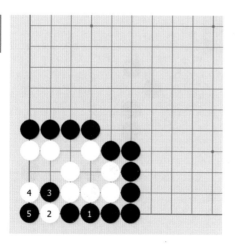

如图 15，黑 3 如果直接打吃的话，会被白 4 顽强做劫。虽然这种下法显而易见，但是明显不如图 14 的净杀。在实际对局中，如果本来可以净杀的一块棋变成了打劫，甚至有可能在劫材不利的情况下胜负逆转，错失良机，那就太遗憾了。

内部空间更大的死活题，对于计算力的要求也会更高，通常需要结合多种解题方法才能找到正解。愿您在"培养计算力"的路上不懈前行，勇攀高峰！

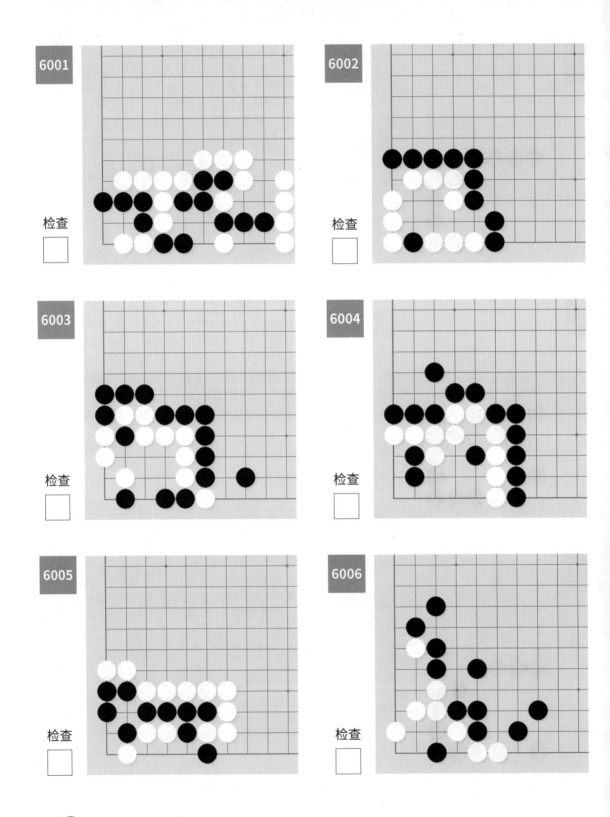

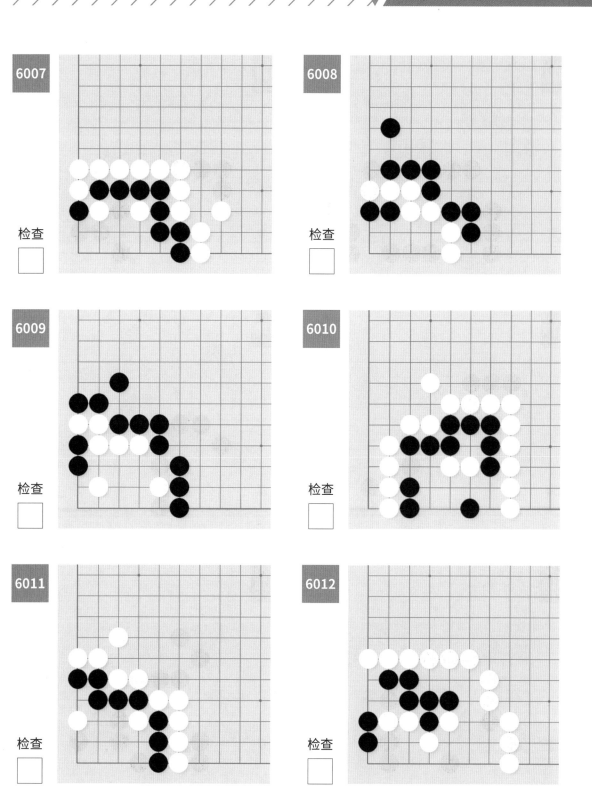

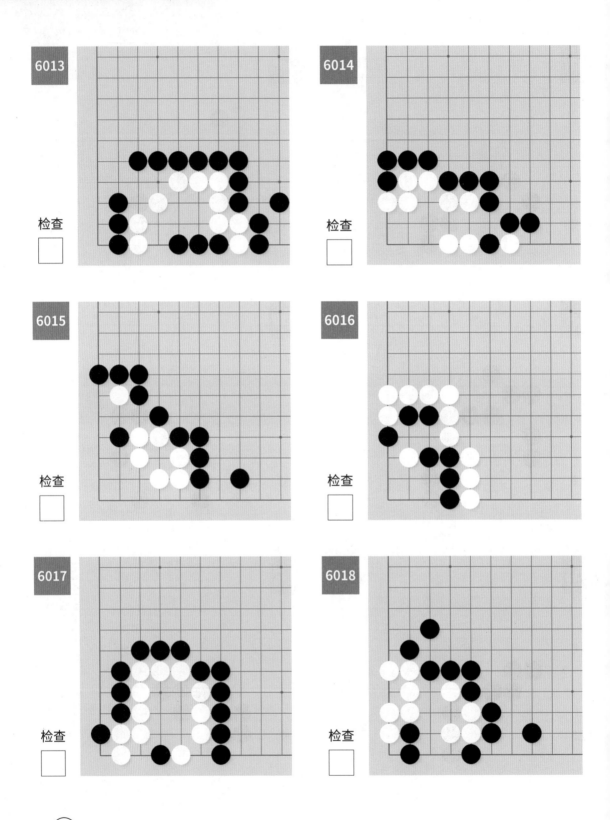

6019
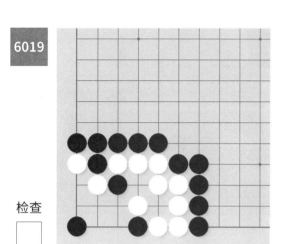

检查

6020
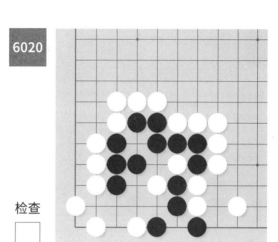

检查

6021
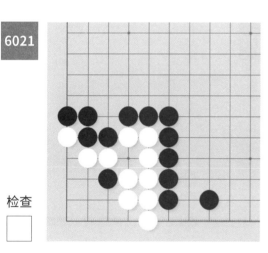

检查

6022
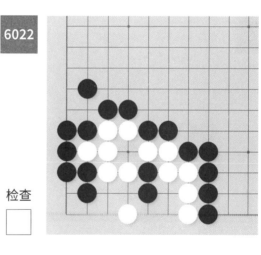

检查

6023
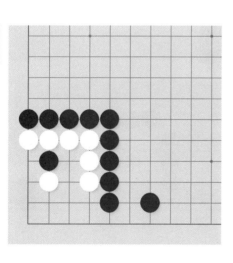

检查

6024
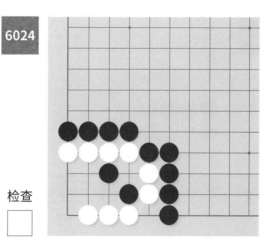

检查

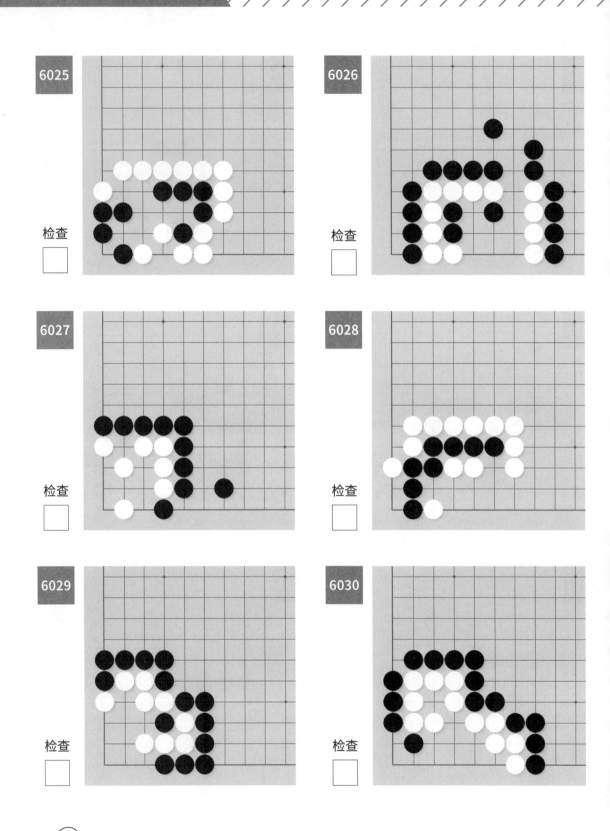

6031
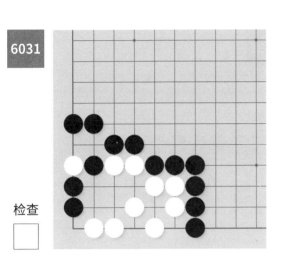
检查

6032
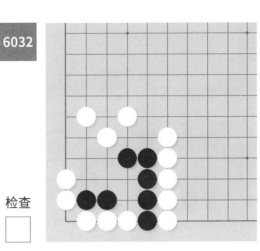
检查

6033
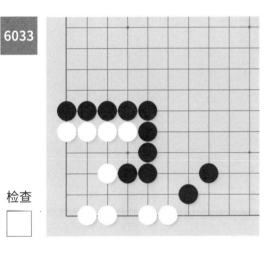
检查

6034
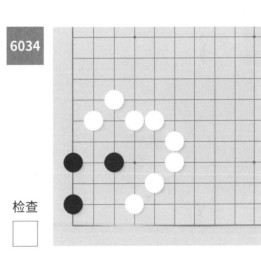
检查

6035
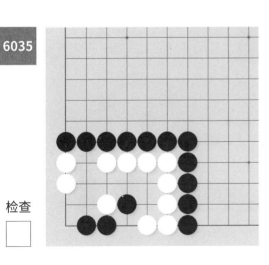
检查

6036
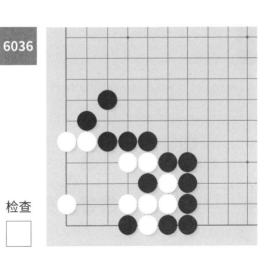
检查

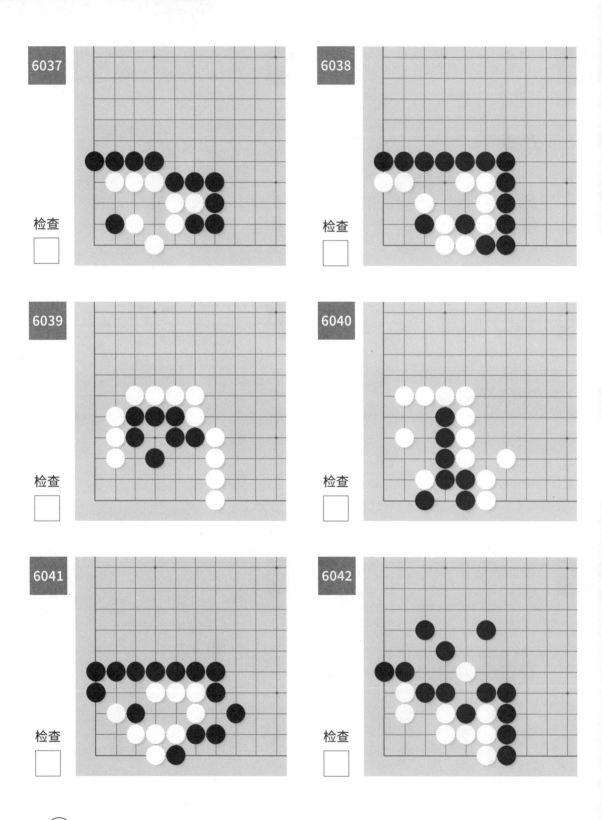

6037　检查

6038　检查

6039　检查

6040　检查

6041　检查

6042　检查

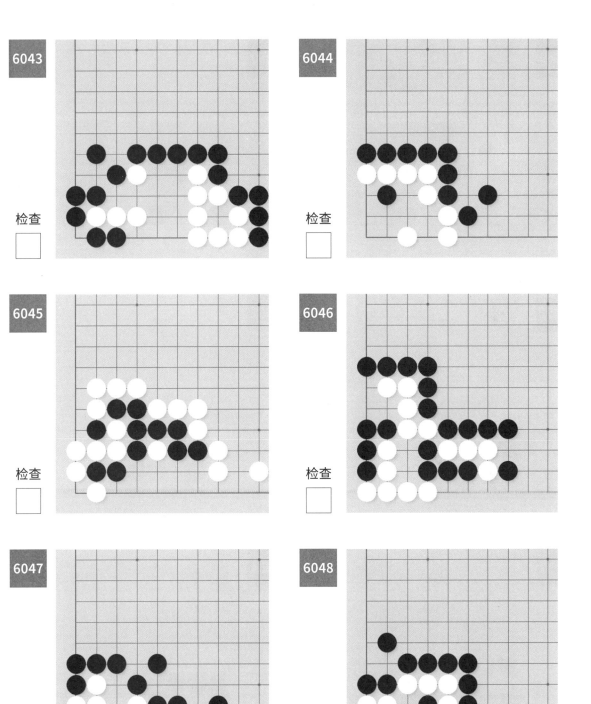

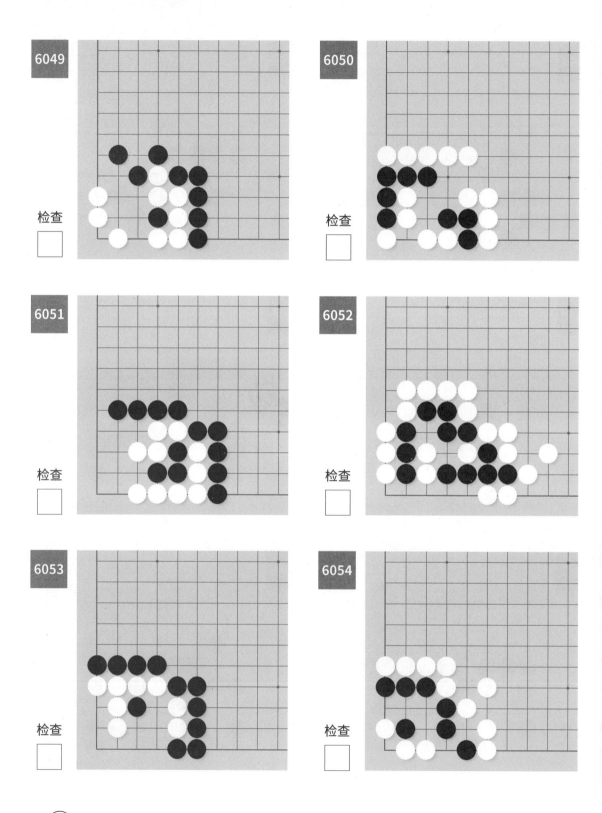

6055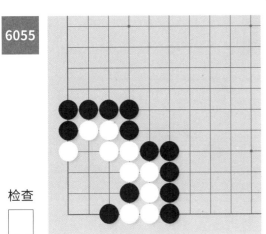

检查

6056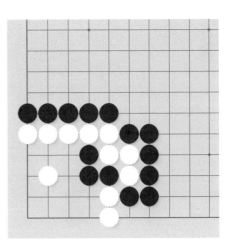

检查

6057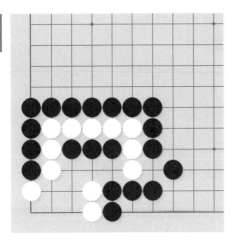

检查

6058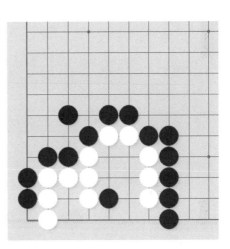

检查

6059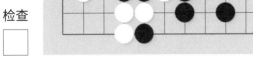

检查

6060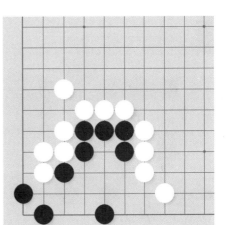

检查

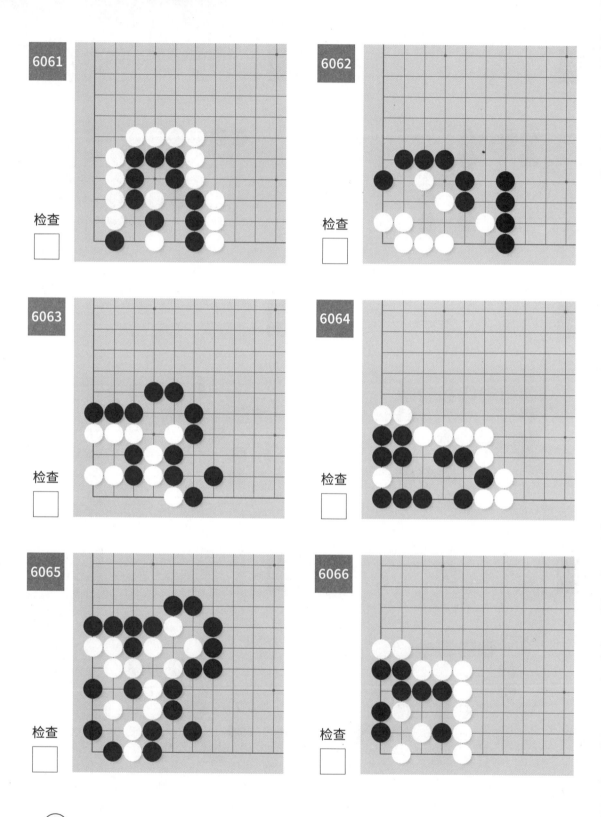

6067

检查
□

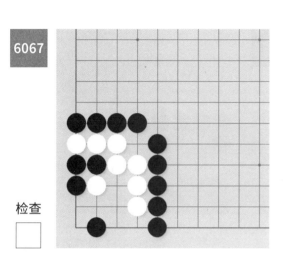

6068

检查
□

6069

检查
□

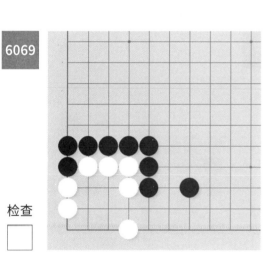

6070

检查
□

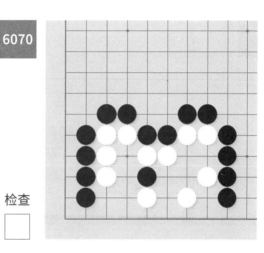

6071

检查
□

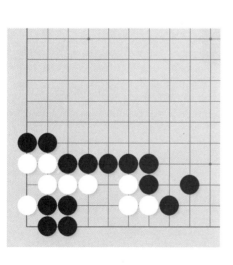

6072

检查
□

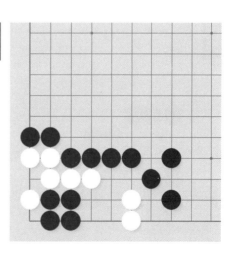

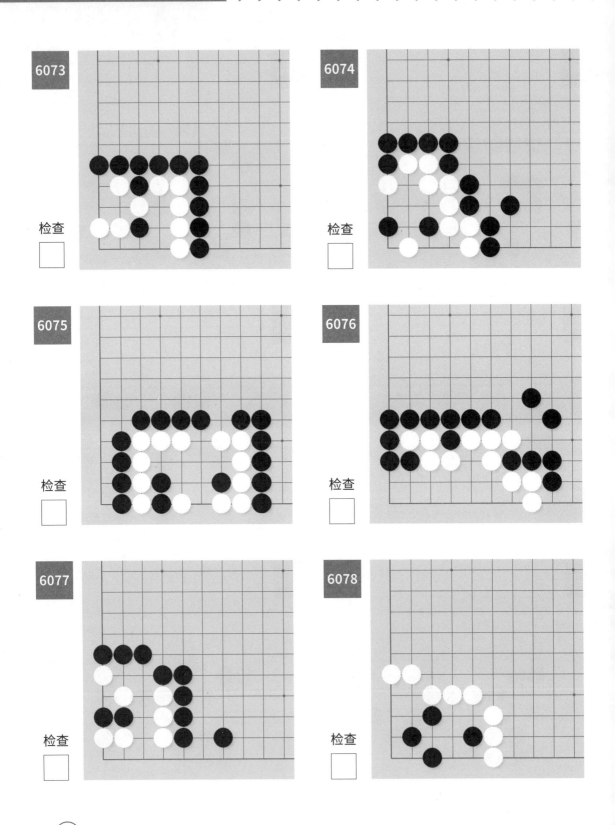

6073　检查

6074　检查

6075　检查

6076　检查

6077　检查

6078　检查

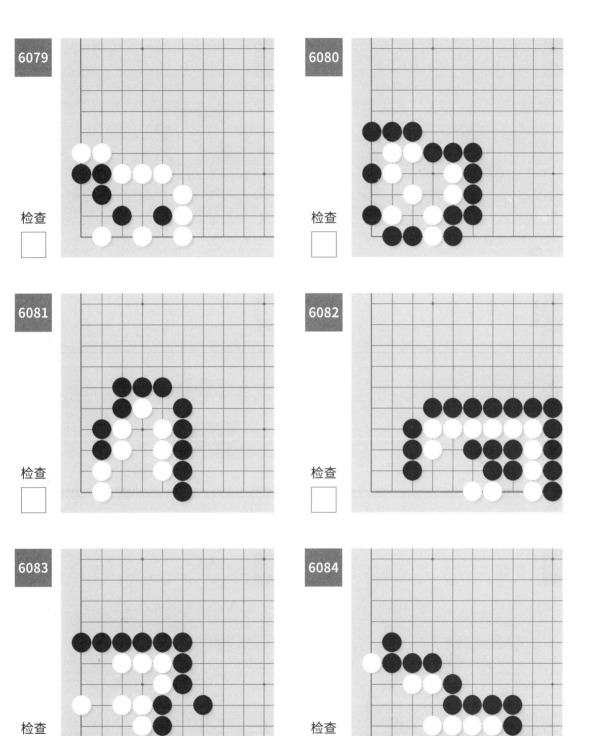

6079

检查

6080

检查

6081

检查

6082

检查

6083

检查

6084

检查

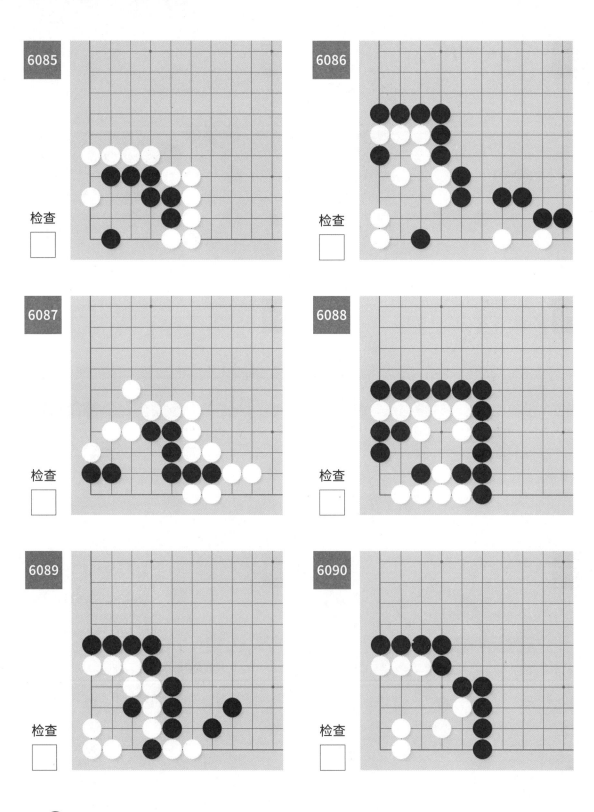

6091
检查

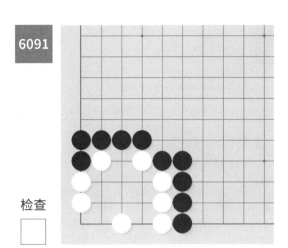

6092
检查

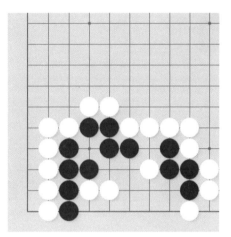

6093
检查

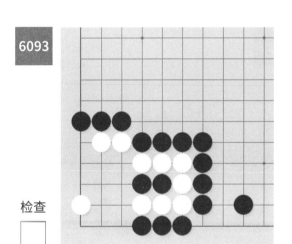

6094
检查

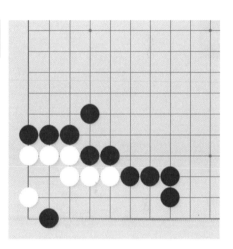

6095
检查

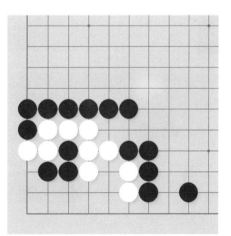

6096
检查

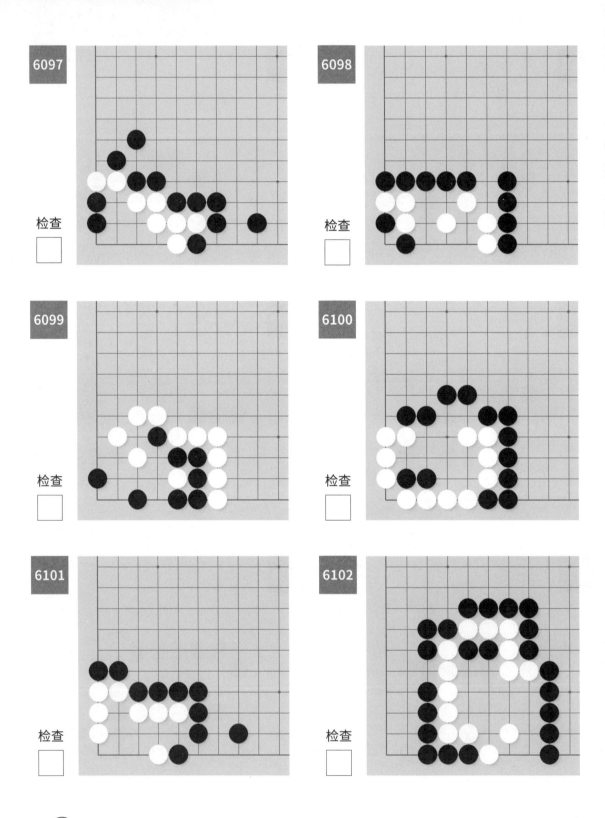

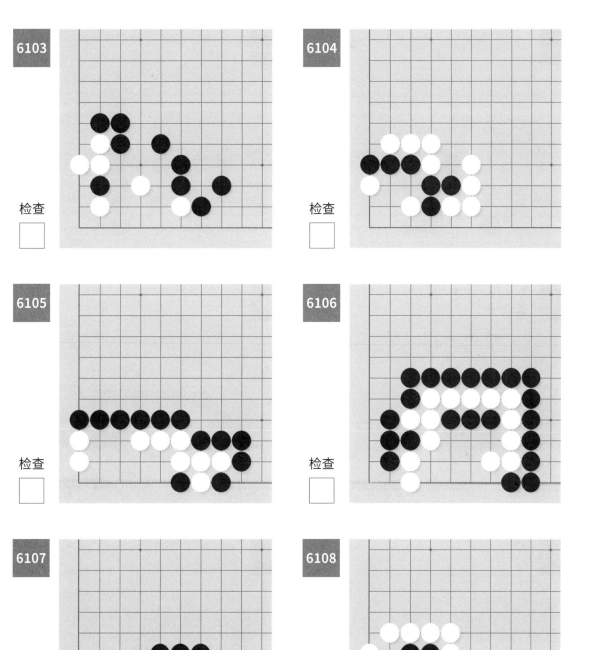

6103

检查 ☐

6104

检查 ☐

6105

检查 ☐

6106

检查 ☐

6107

检查 ☐

6108

检查 ☐

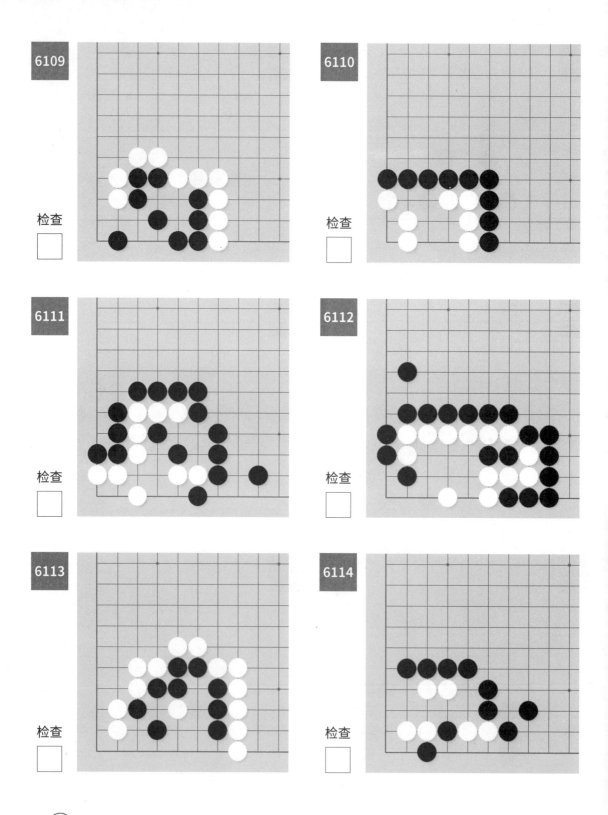

6115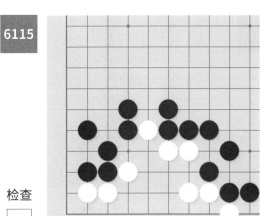

检查

6116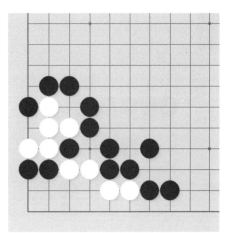

检查

6117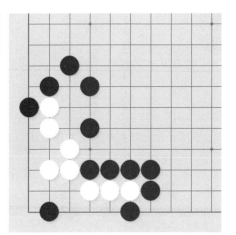

检查

6118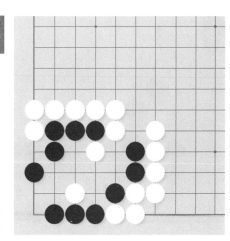

检查

6119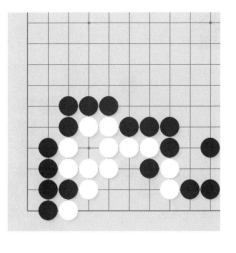

检查

6120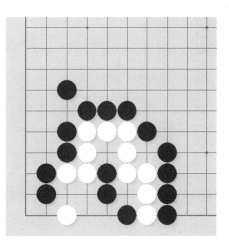

检查

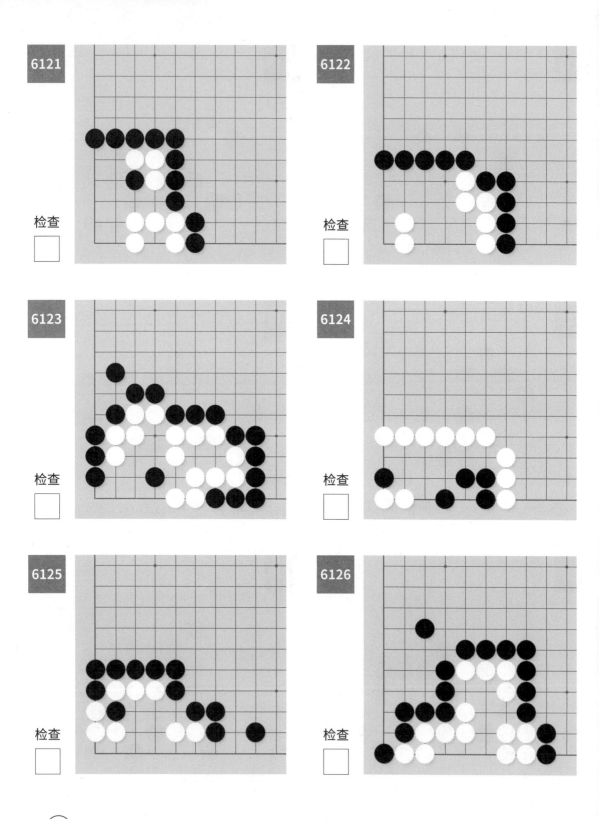

6127

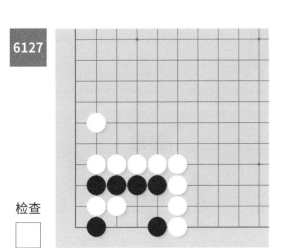

检查

6128

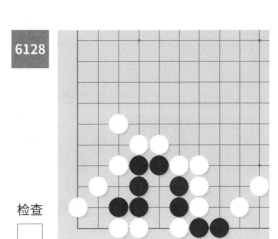

检查

6129

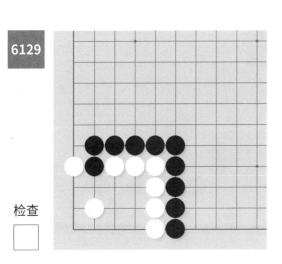

检查

6130

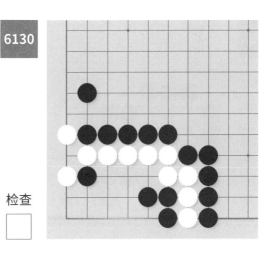

检查

6131

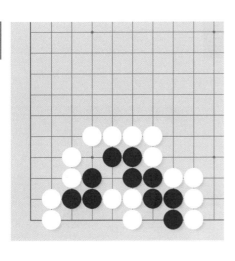

检查

6132

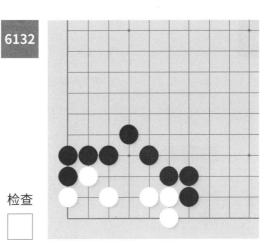

检查

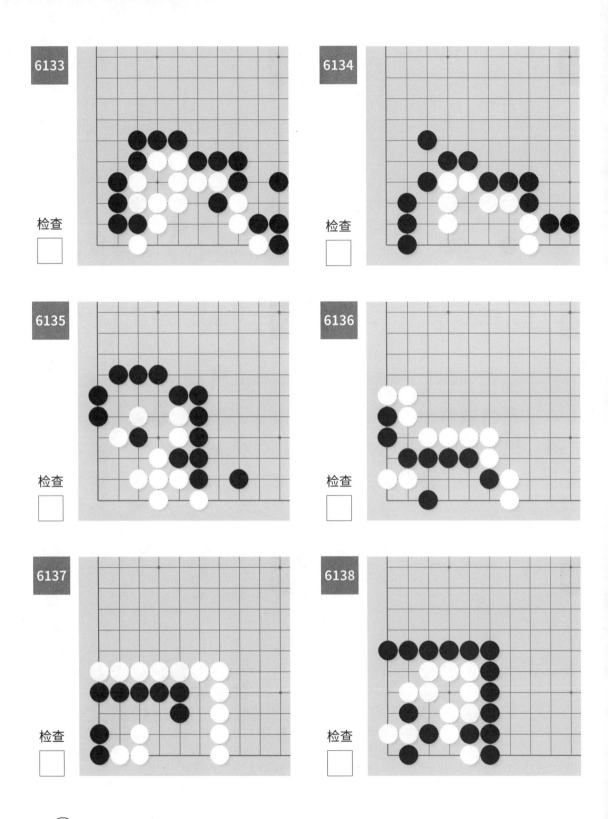

6139
检查 □

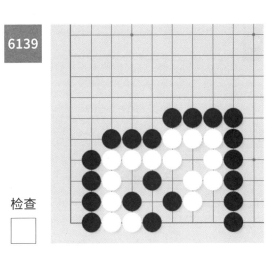

6140
检查 □

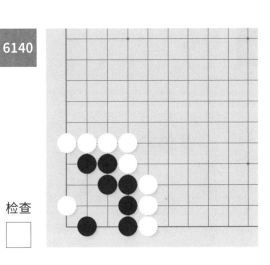

6141
检查 □

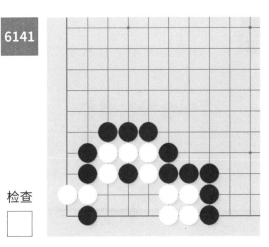

6142
检查 □

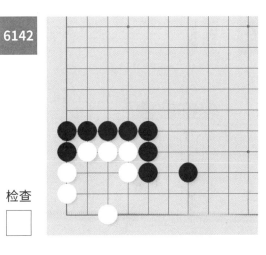

6143
检查 □

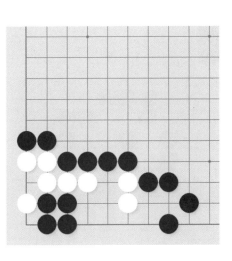

6144
检查 □

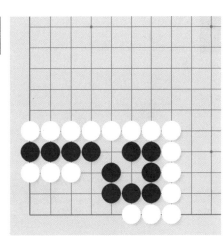

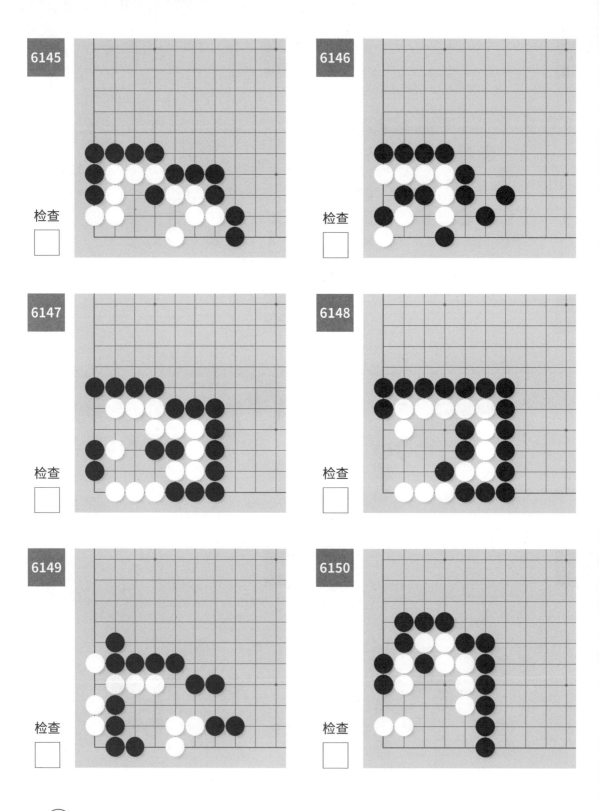

6151

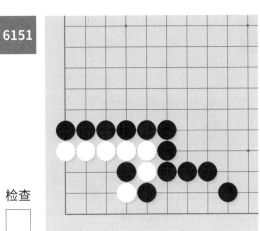

检查

6152

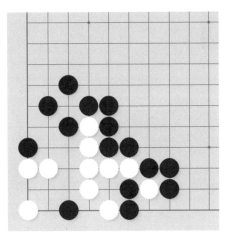

检查

6153

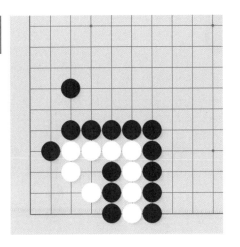

检查

6154

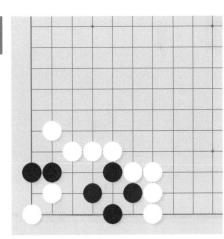

检查

6155

检查

6156

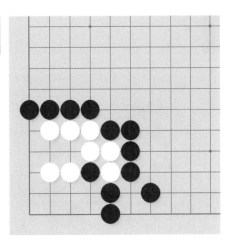

检查

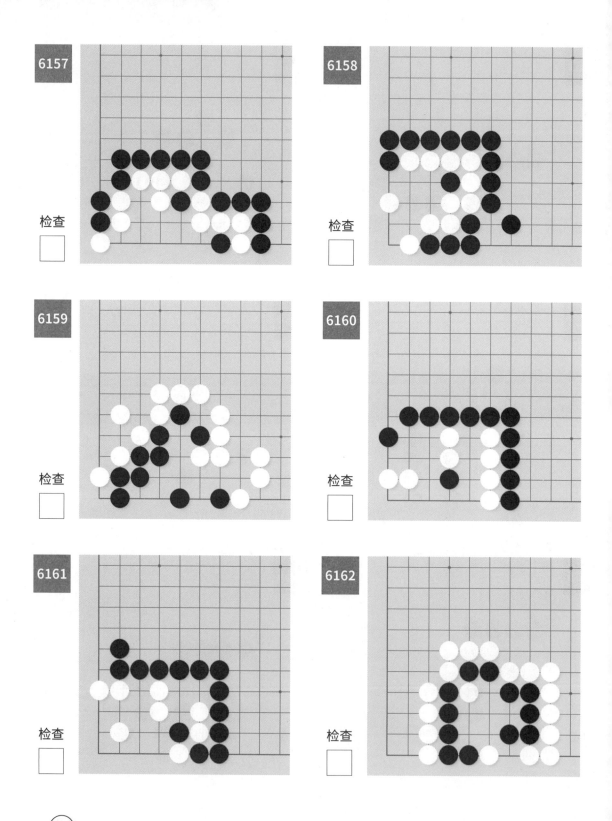

6157

检查

6158

检查

6159

检查

6160

检查

6161

检查

6162

检查

6163

检查

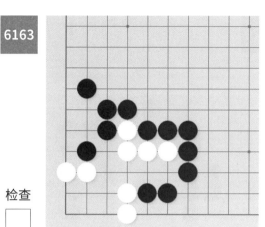

6164

检查

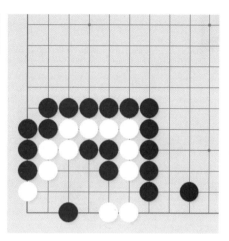

6165

检查

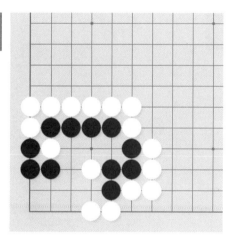

6166

检查

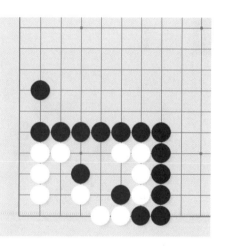

6167

检查

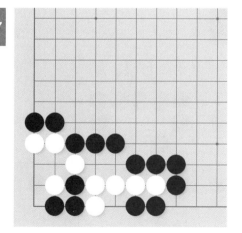

6168

检查

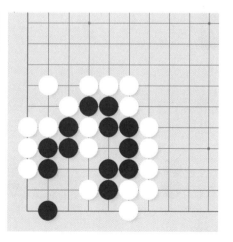

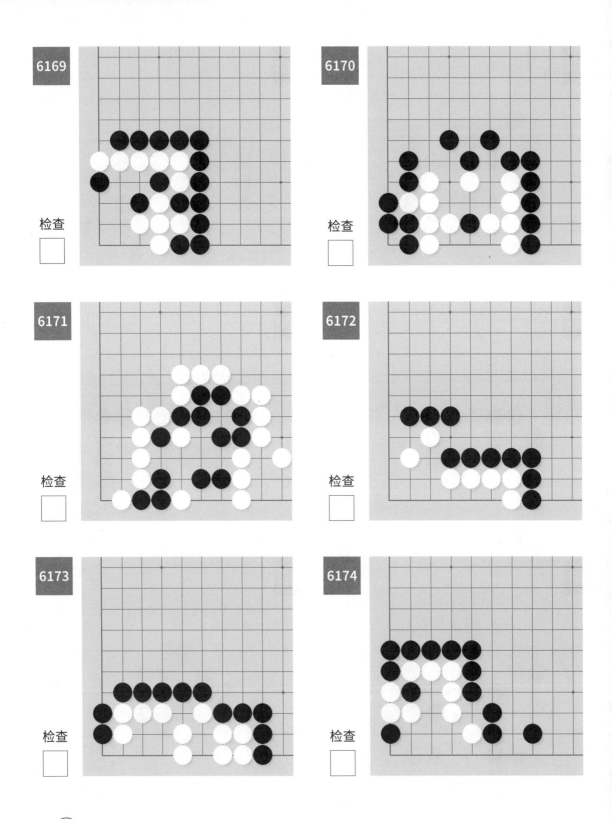

6175
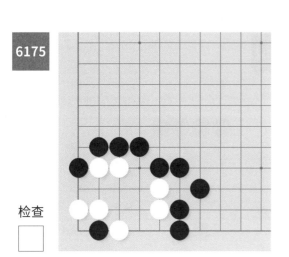

检查

6176
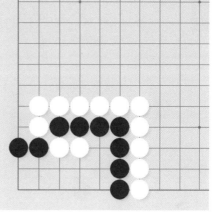

检查

6177
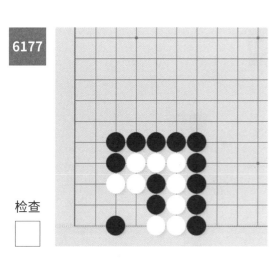

检查

6178
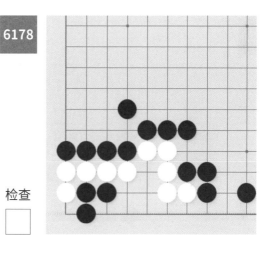

检查

6179
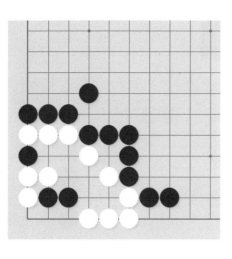

检查

6180
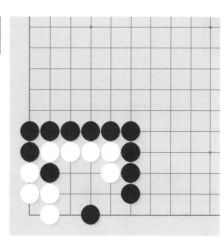

检查

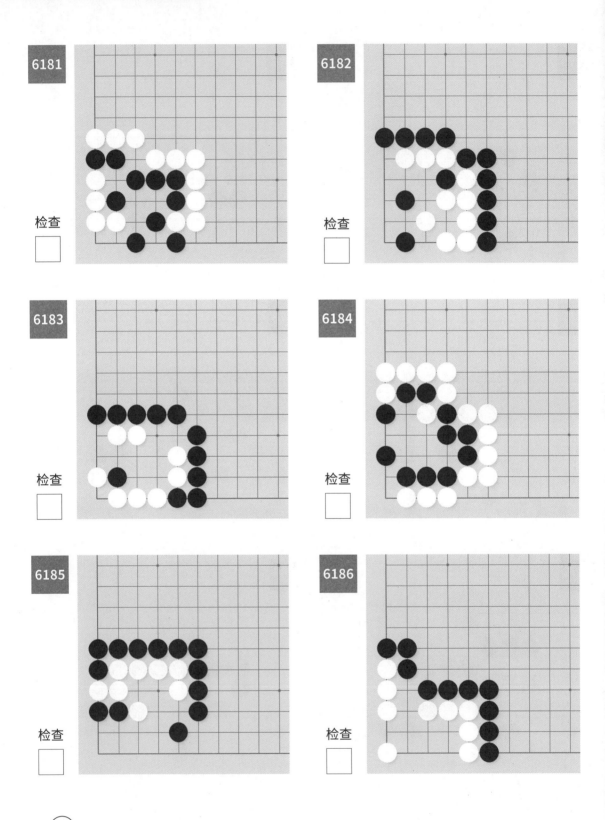

6187
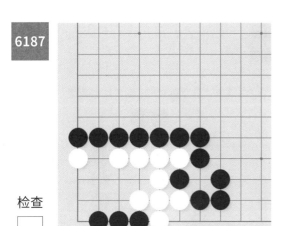

检查

6188

6189
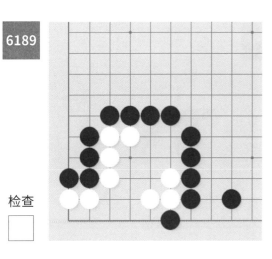

检查

6190
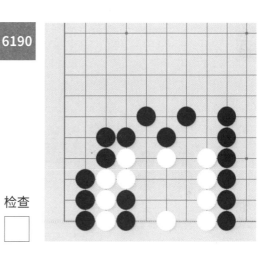

检查

6191
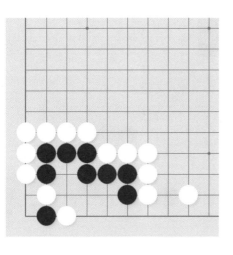

检查

6192
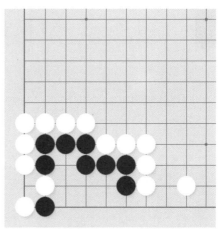

检查

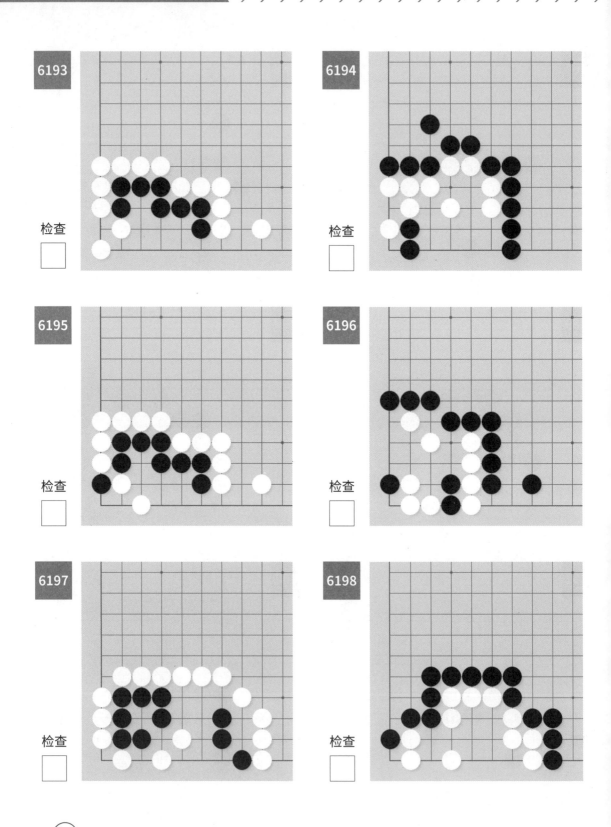

6199

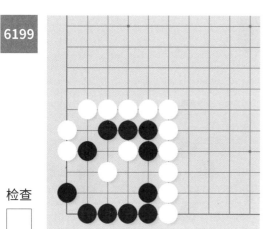

检查

6200

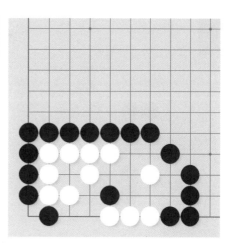

检查

6201

检查

6202

检查

6203

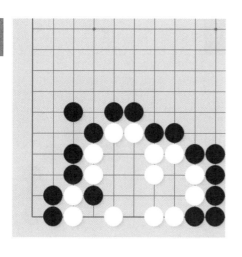

检查

6204

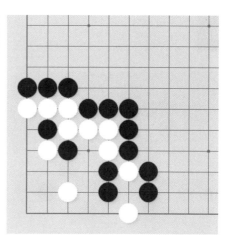

检查

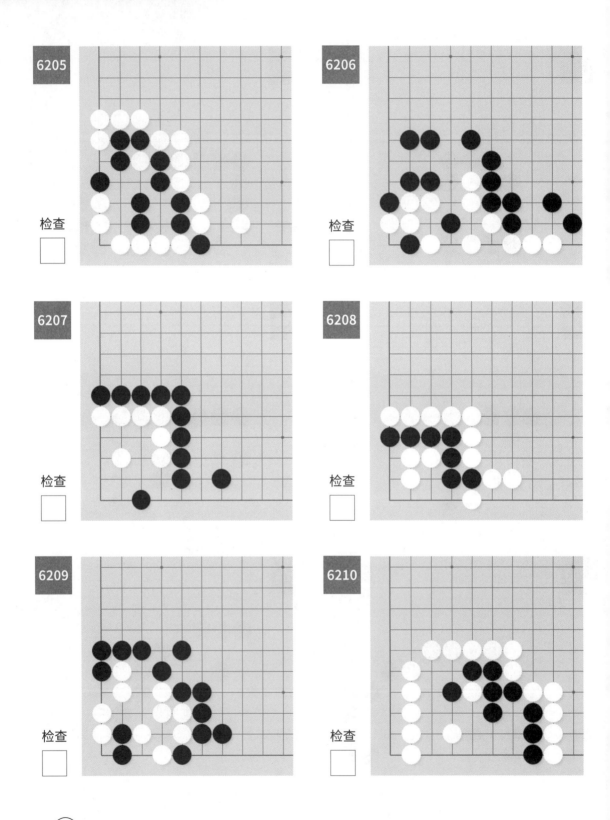

6211
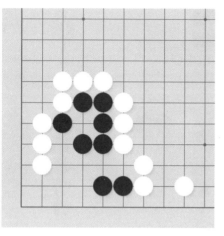

检查

6212
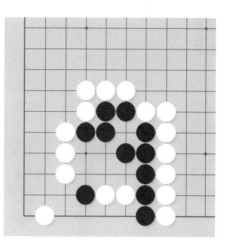

检查

6213
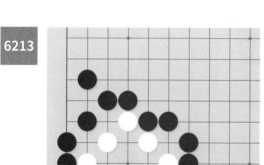

检查

6214
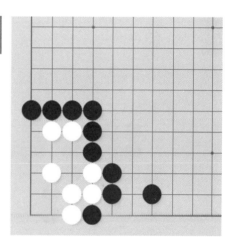

检查

6215
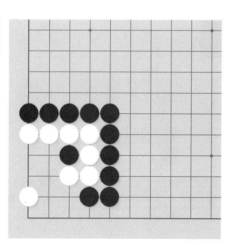

检查

6216
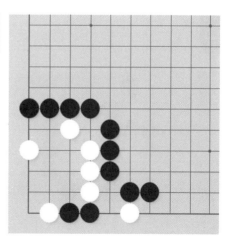

检查

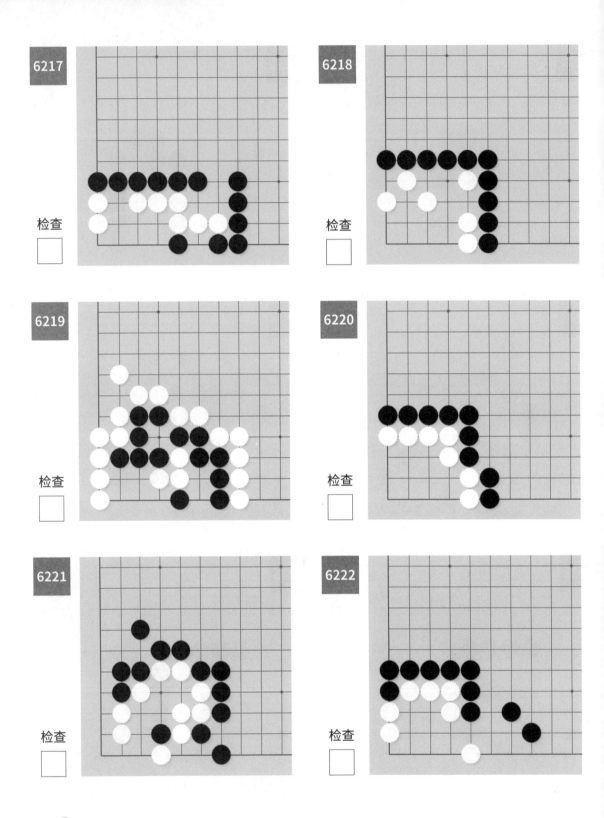

6223

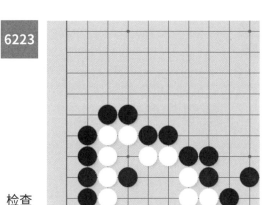

检查

6224

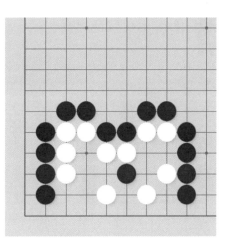

检查

6225

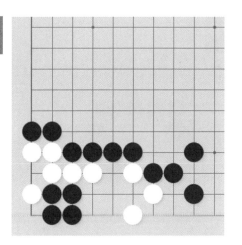

检查

6226

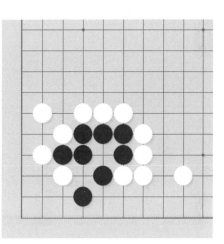

检查

6227

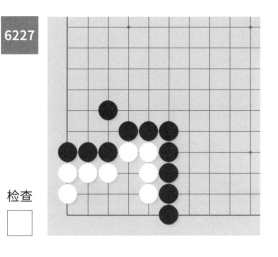

检查

6228

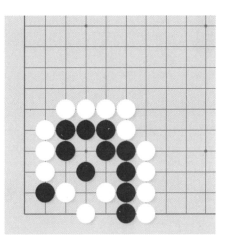

检查

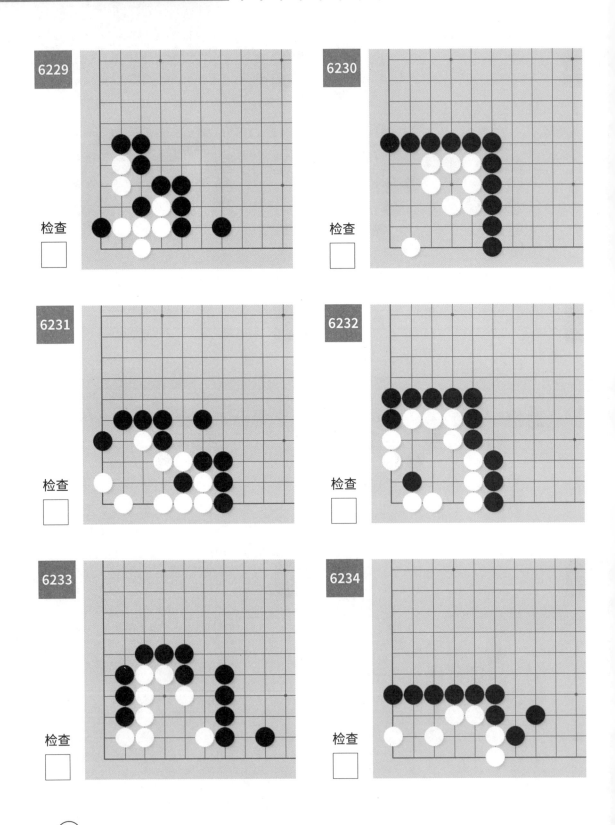

6235

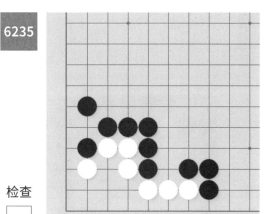

检查

6236

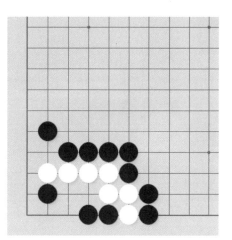

检查

6237

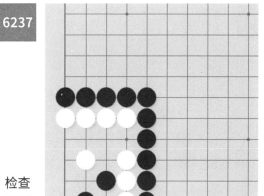

检查

6238

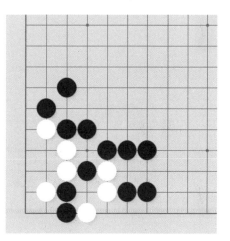

检查

6239

检查

6240

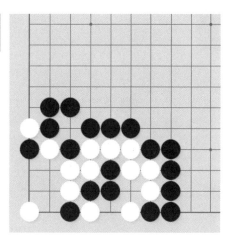

检查

45

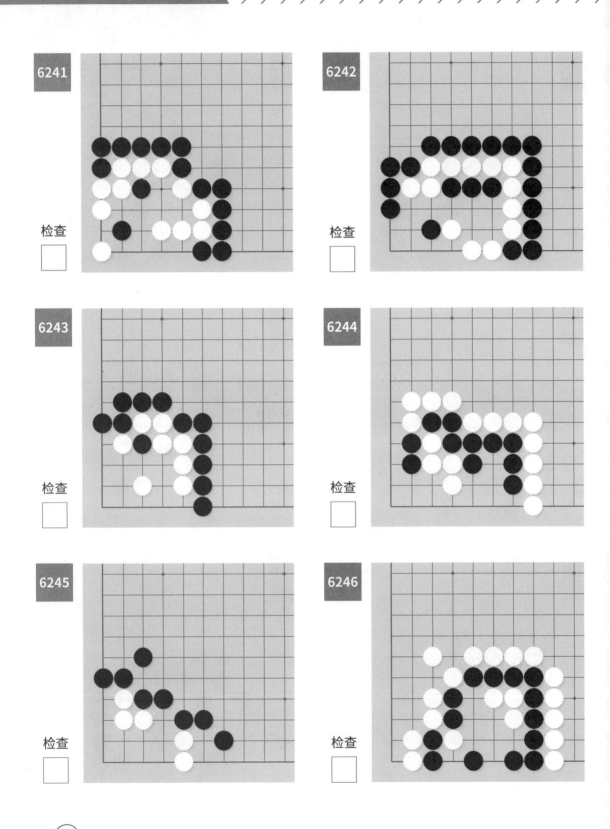

6247

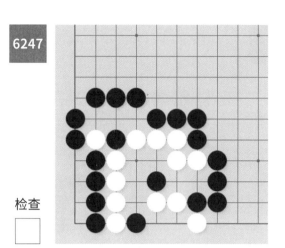

检查

6248

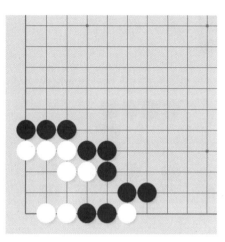

检查

6249

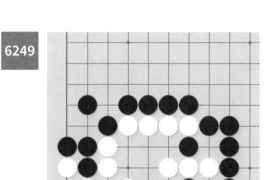

检查

6250

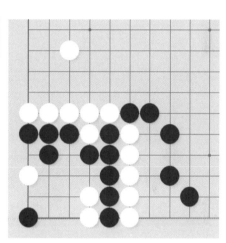

检查

6251

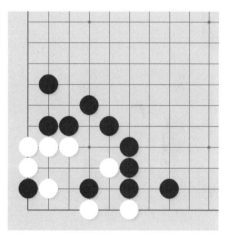

检查

6252

检查

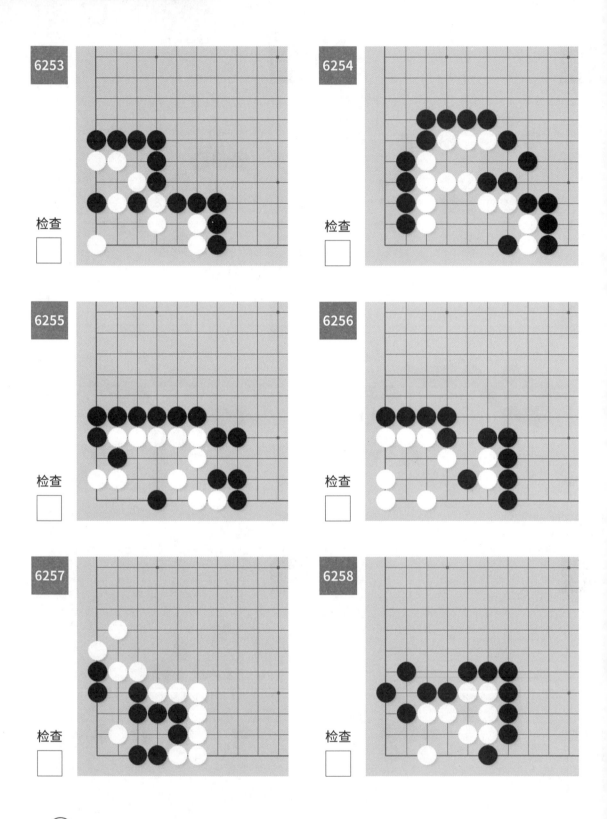

6259
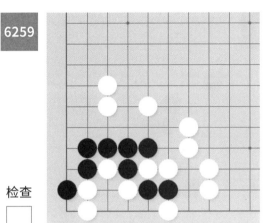
检查

6260
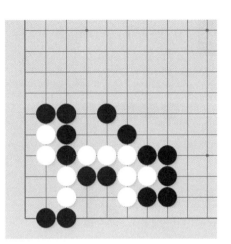
检查

6261
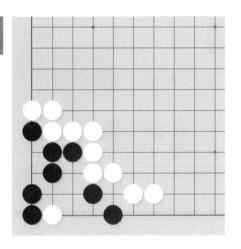
检查

6262
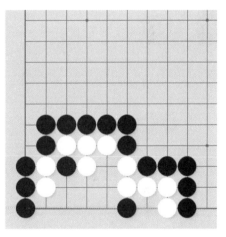
检查

6263
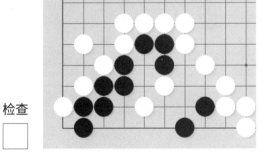
检查

6264
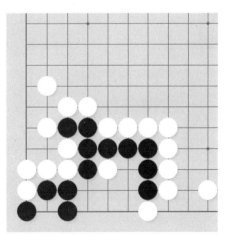
检查

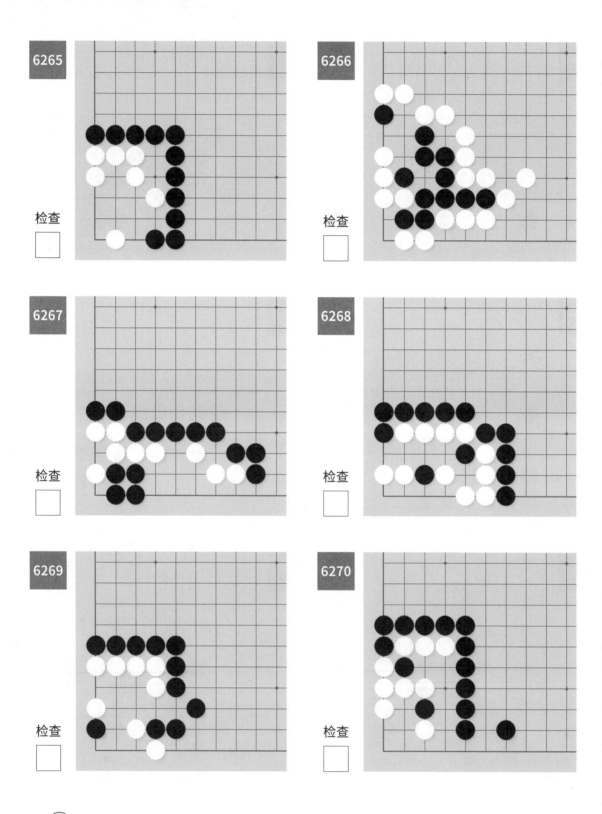

6265

检查

6266

检查

6267

检查

6268

检查

6269

检查

6270

检查

6271
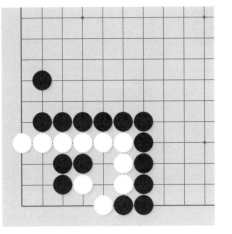
检查

6272
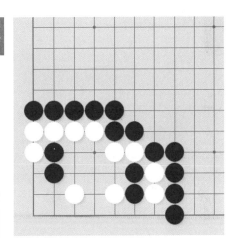
检查

6273
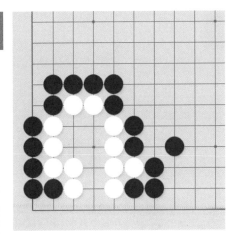
检查

6274
检查

6275
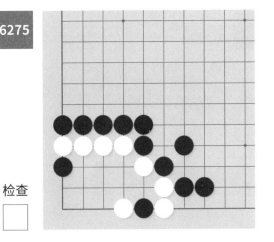
检查

6276
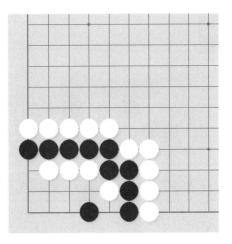
检查

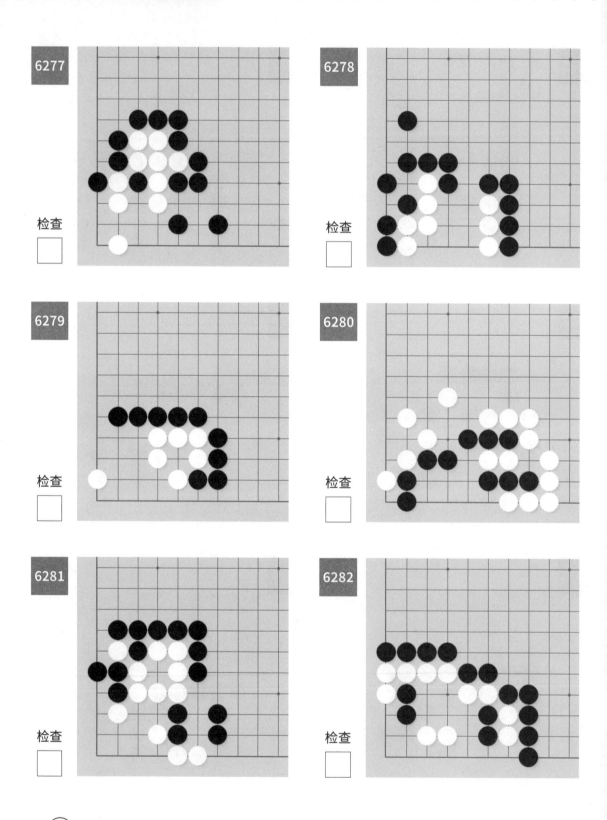

6277 检查

6278 检查

6279 检查

6280 检查

6281 检查

6282 检查

6283
检查

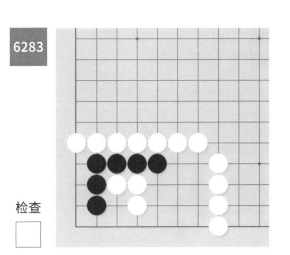

6284
检查

6285
检查

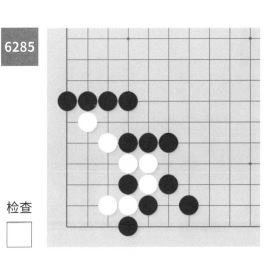

6286
检查

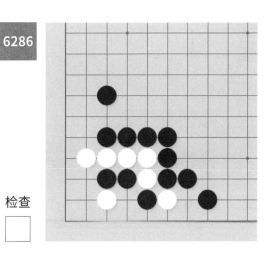

6287
检查

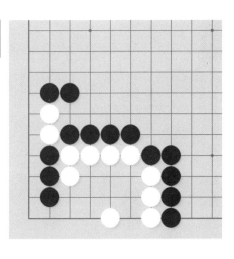

6288
检查

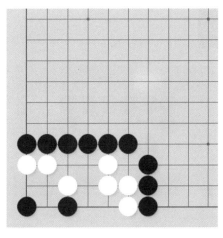

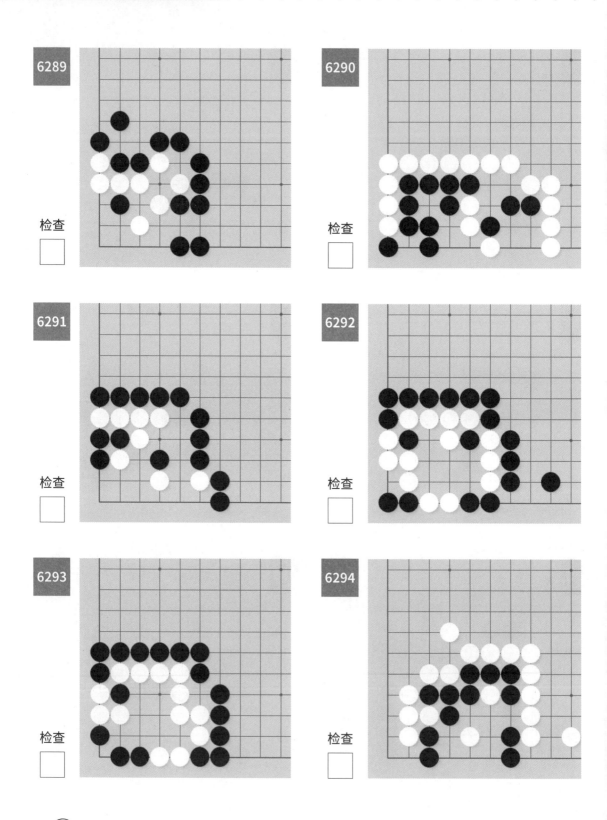

6295

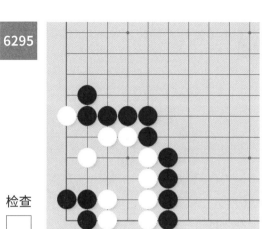

检查

6296

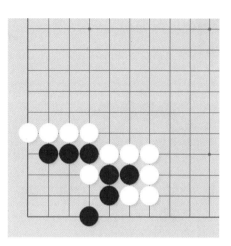

检查

6297

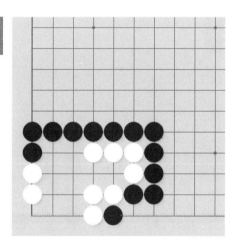

检查

6298

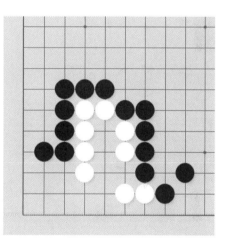

检查

6299

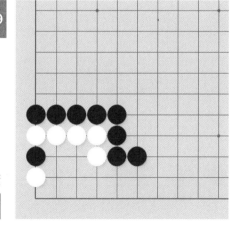

检查

6300

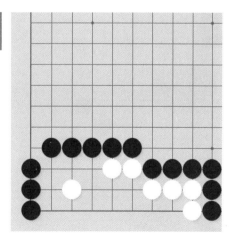

检查

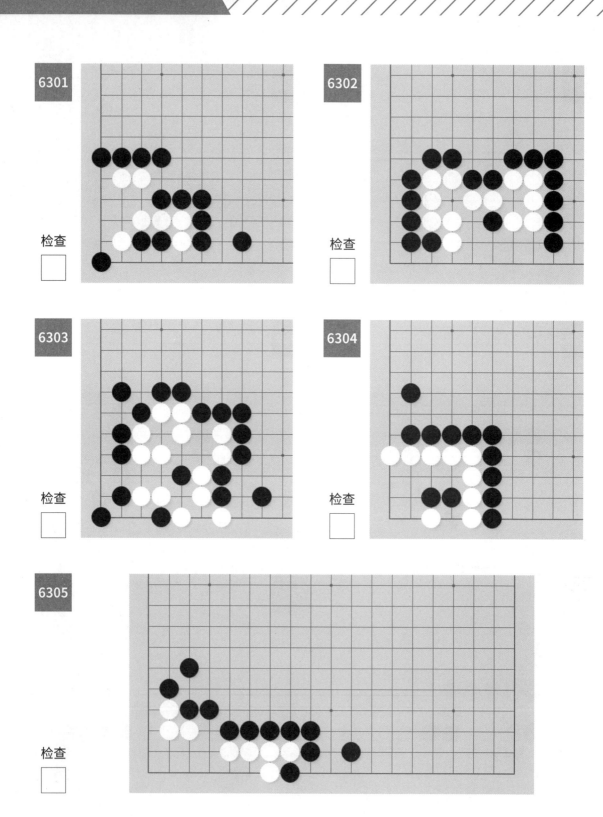

6306

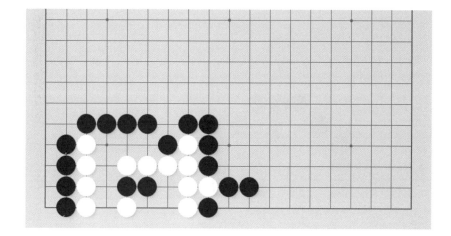

6307

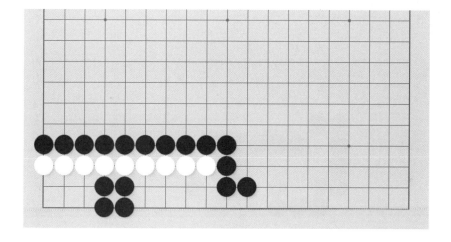

6308

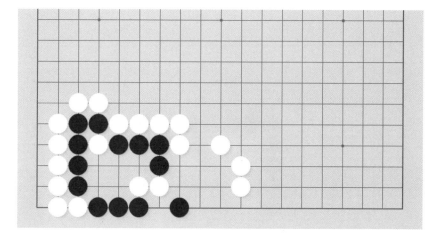

6309

检查

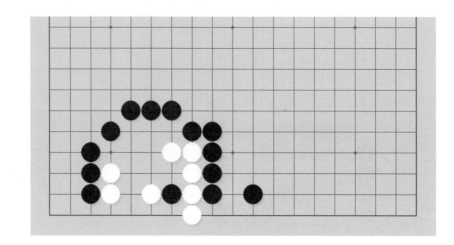

6310

检查

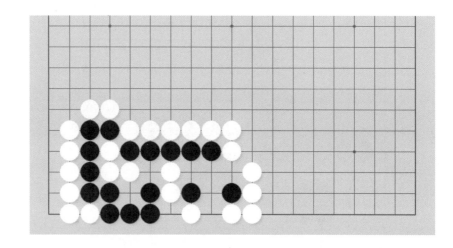

6311

检查

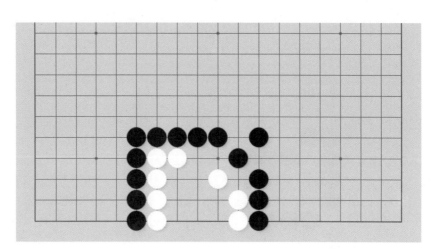

6312

检查

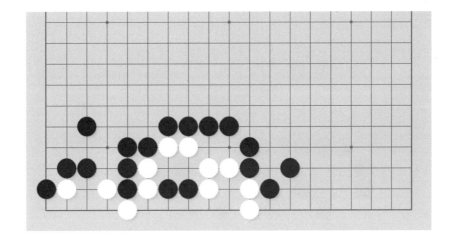

6313

检查

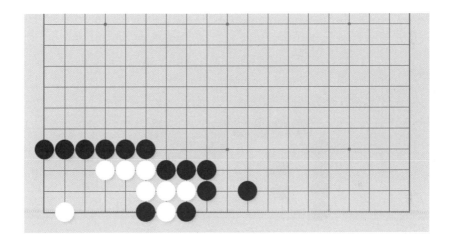

6314

检查

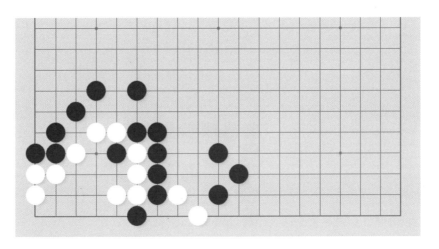

6315

检查

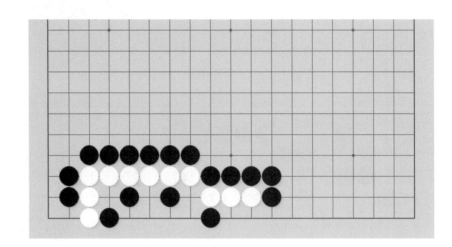

6316

检查

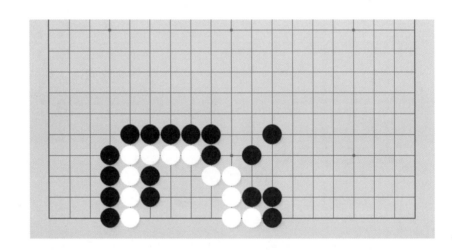

6317

检查

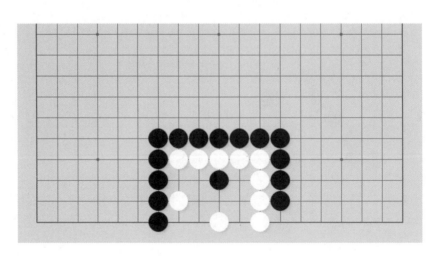

6318

检查

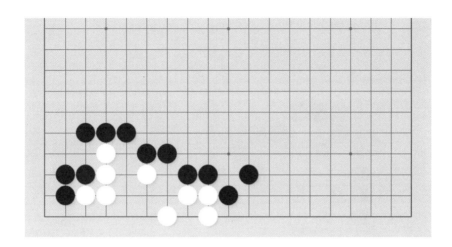

6319

检查

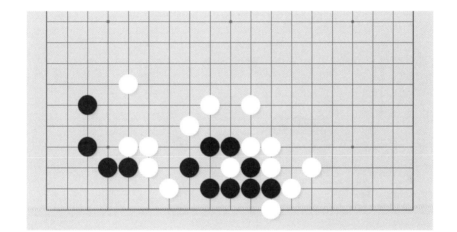

6320

检查

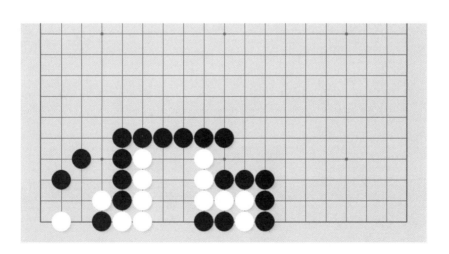

6321

检查

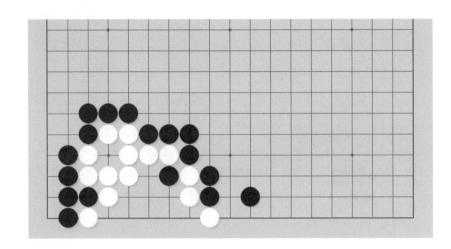

6322

检查

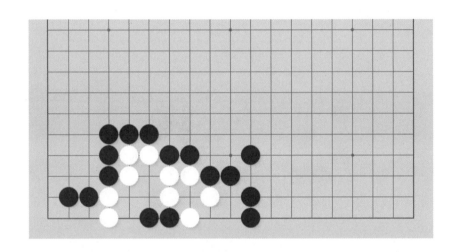

6323

检查

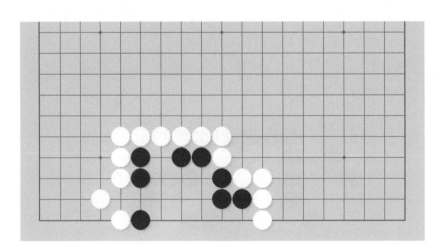

6324

检查

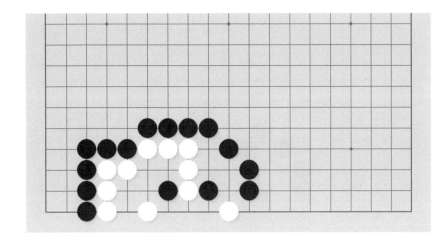

6325

检查

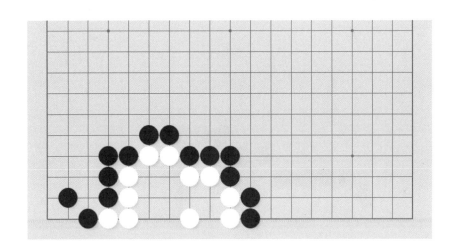

6326

检查

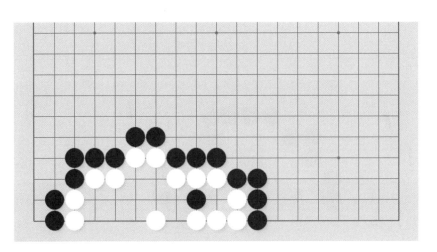

6327

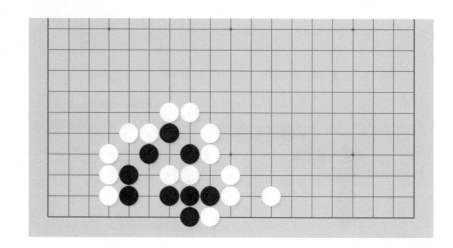

检查

6328

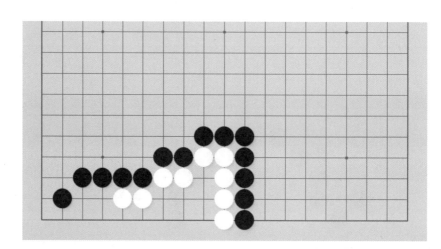

检查

6329

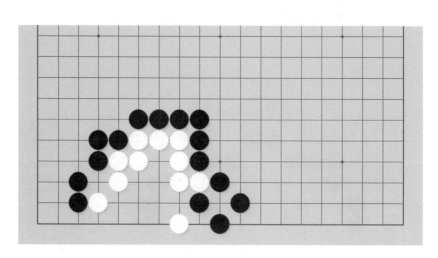

检查

6330

检查

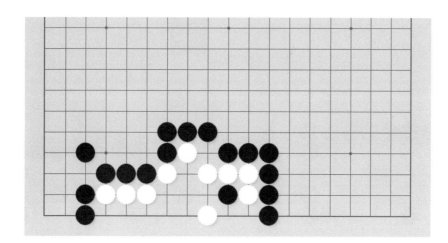

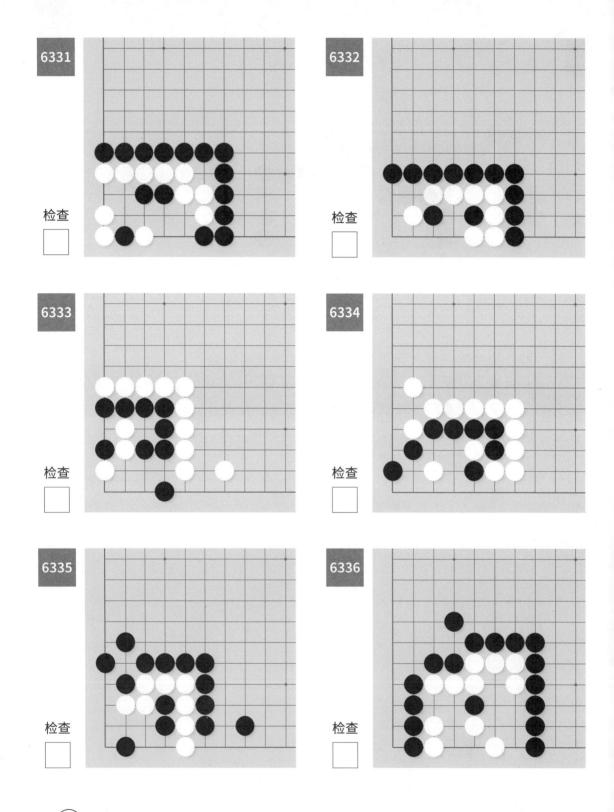

6331

检查

6332

检查

6333

检查

6334

检查

6335

检查

6336

检查

6337

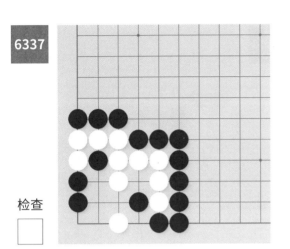

检查

6338

检查

6339

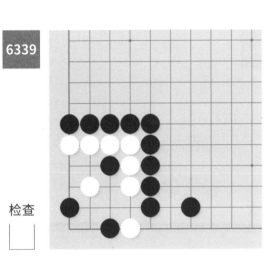

检查

6340

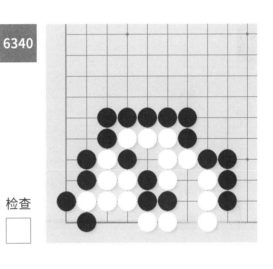

检查

6341

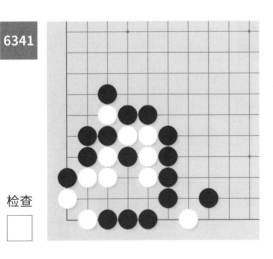

检查

6342

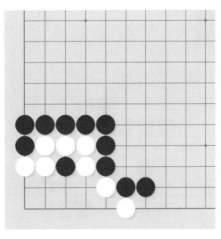

检查

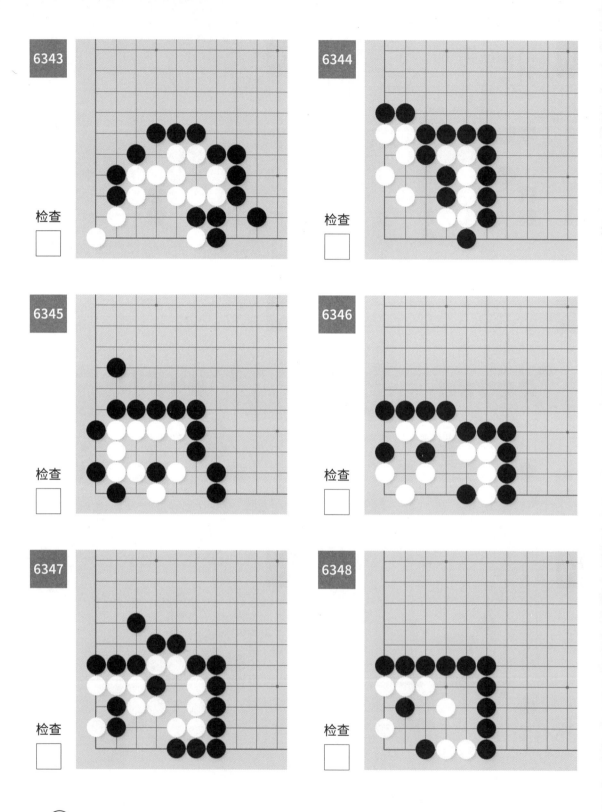

6349

检查

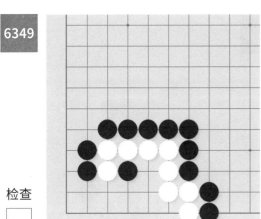

6350

检查

6351

检查

6352

检查

6353

检查

6354

检查

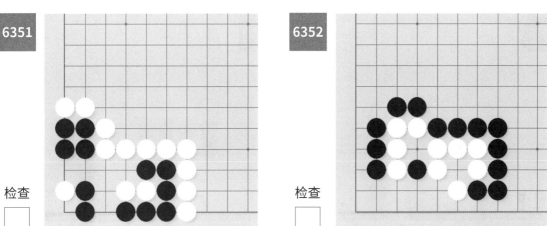
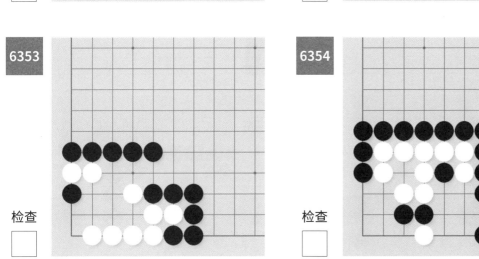
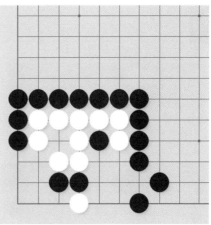
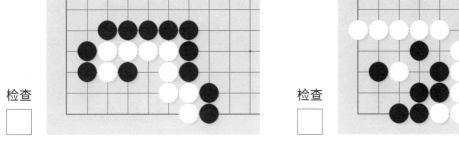

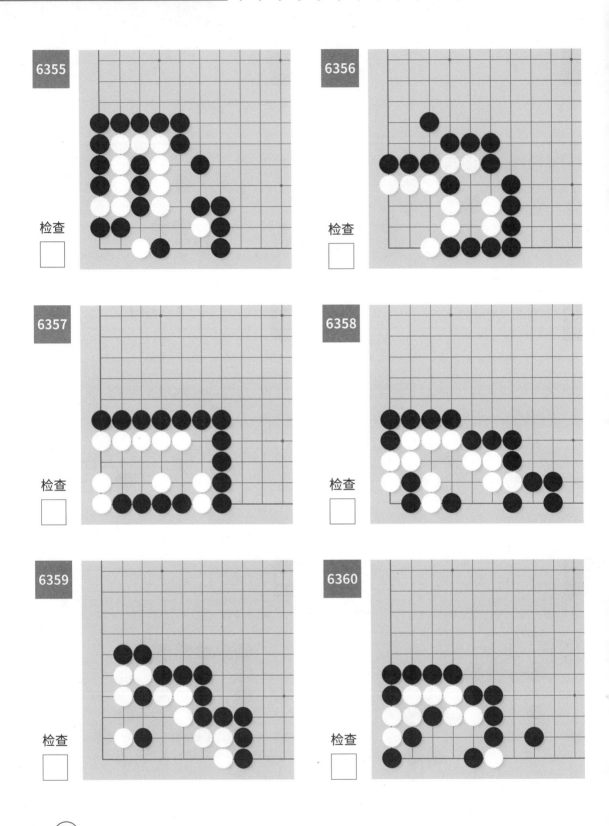

6361

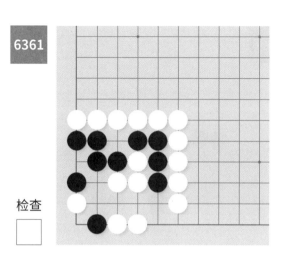

检查

6362

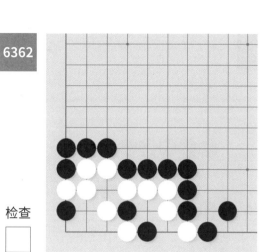

检查

6363

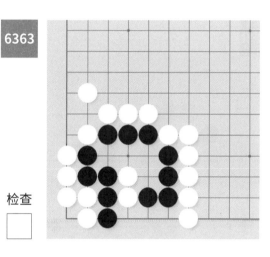

检查

6364

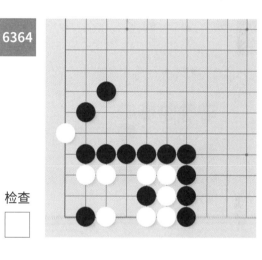

检查

6365

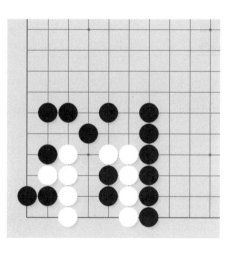

检查

6366

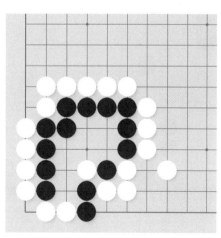

检查

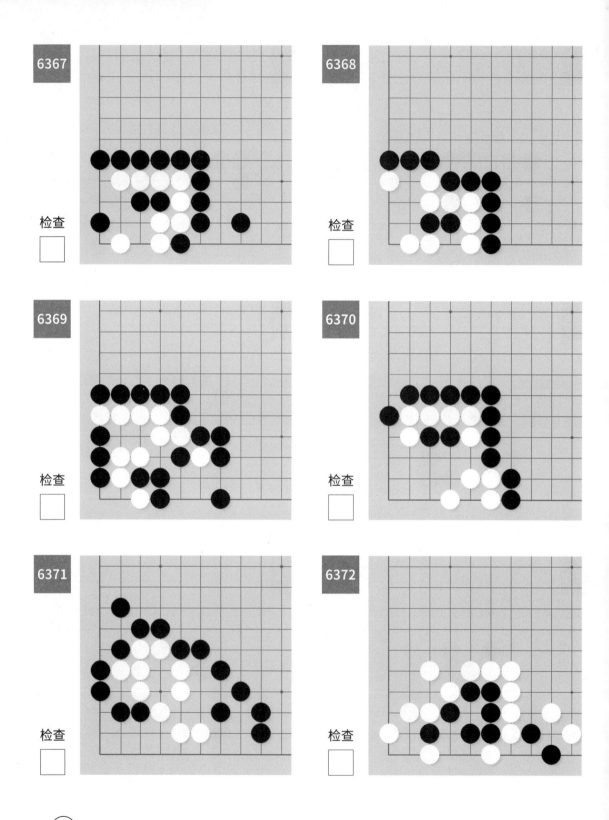

6373
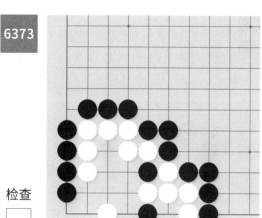
检查

6374
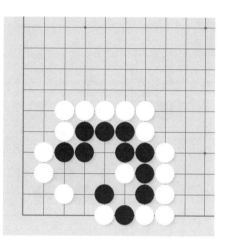
检查

6375
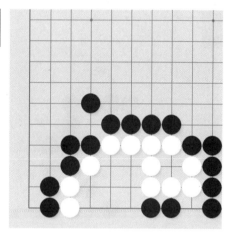
检查

6376
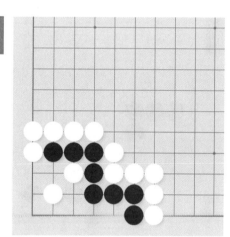
检查

6377
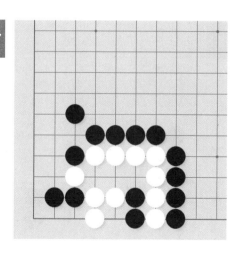
检查

6378
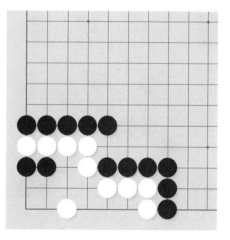
检查

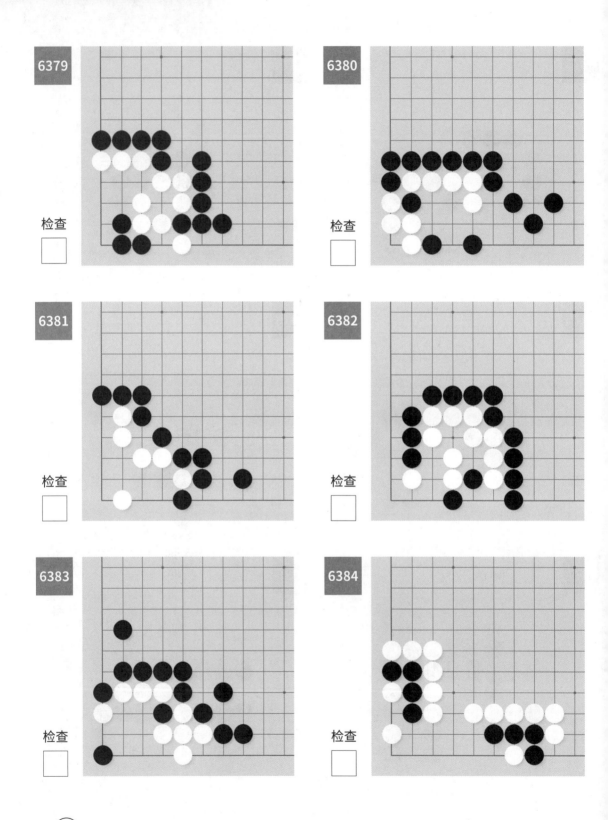

6385

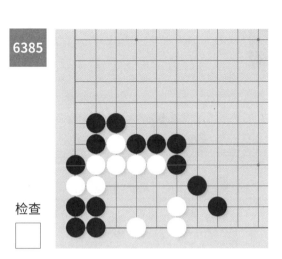

检查

6386

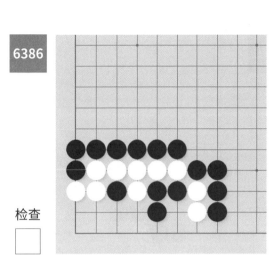

检查

6387

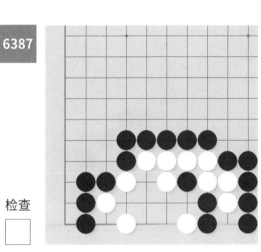

检查

6388

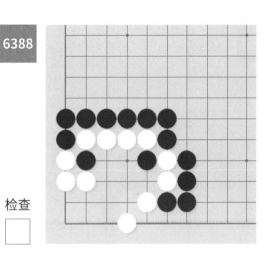

检查

6389

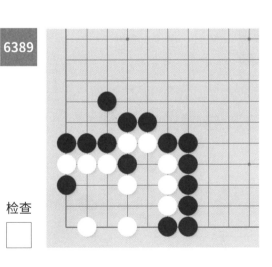

检查

6390

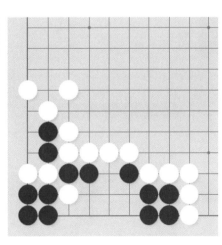

检查

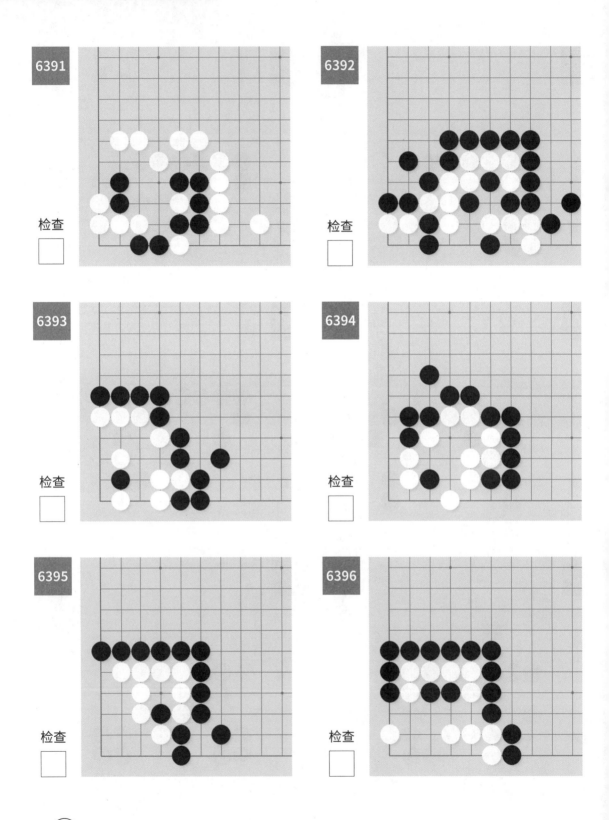

6397

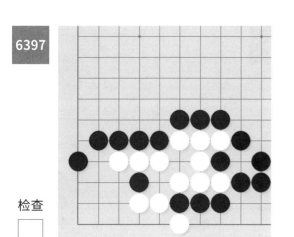

检查

6398

6399

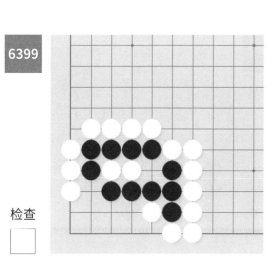

检查

6400

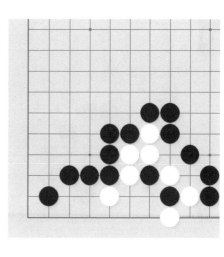

检查

6401

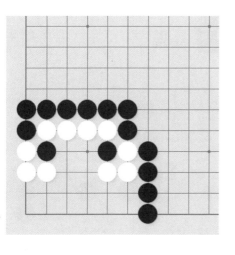

检查

6402

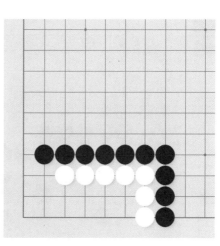

检查

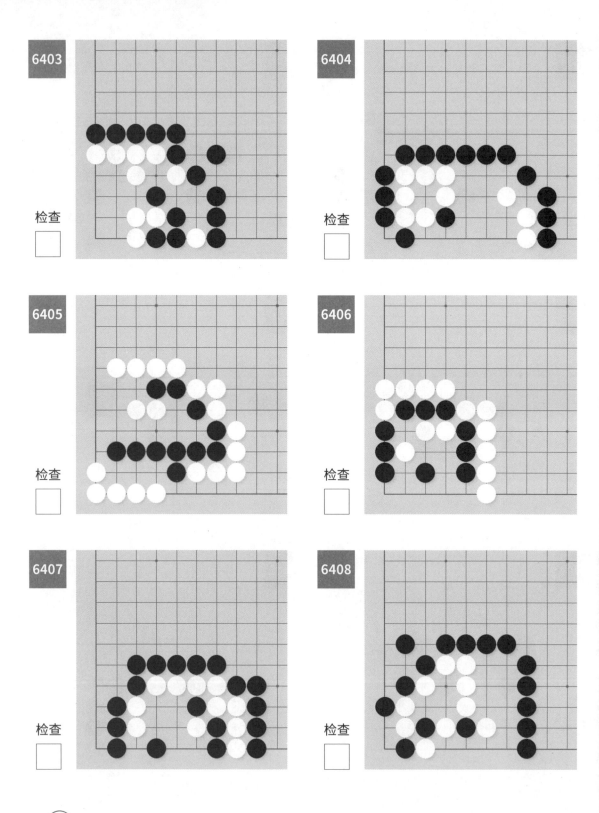

6403

6404

检查

6405

6406

检查

6407

6408

检查

6409

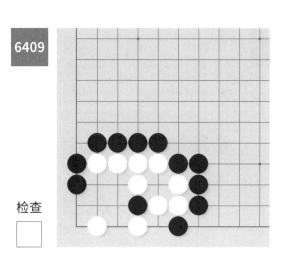

检查

6410

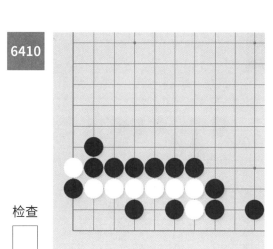

检查

6411

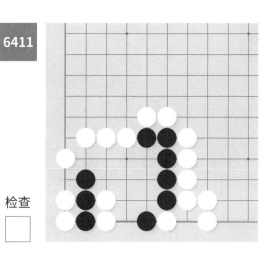

检查

6412

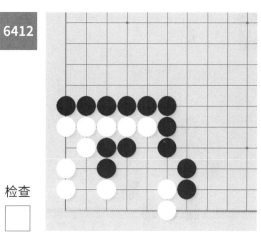

检查

6413

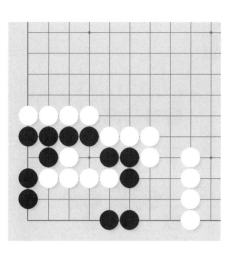

检查

6414

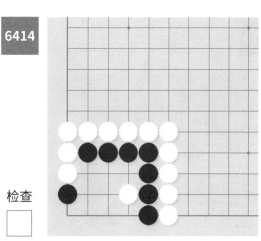

检查

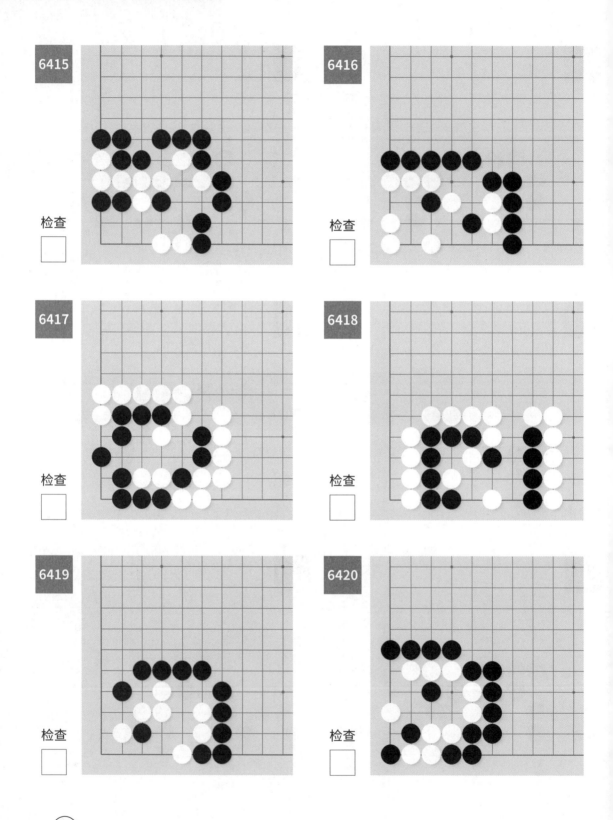

6421

检查

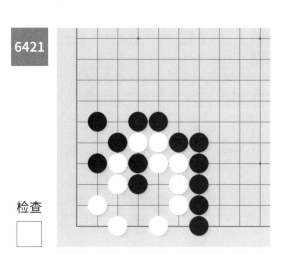

6422

检查

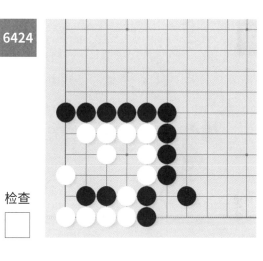

6423

检查

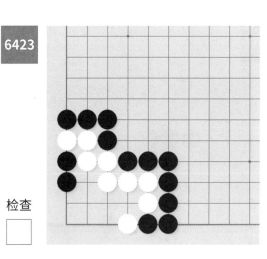

6424

检查

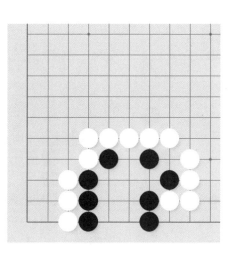

6425

检查

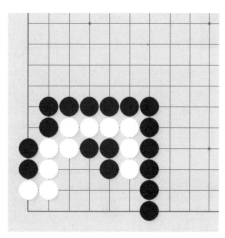

6426

检查

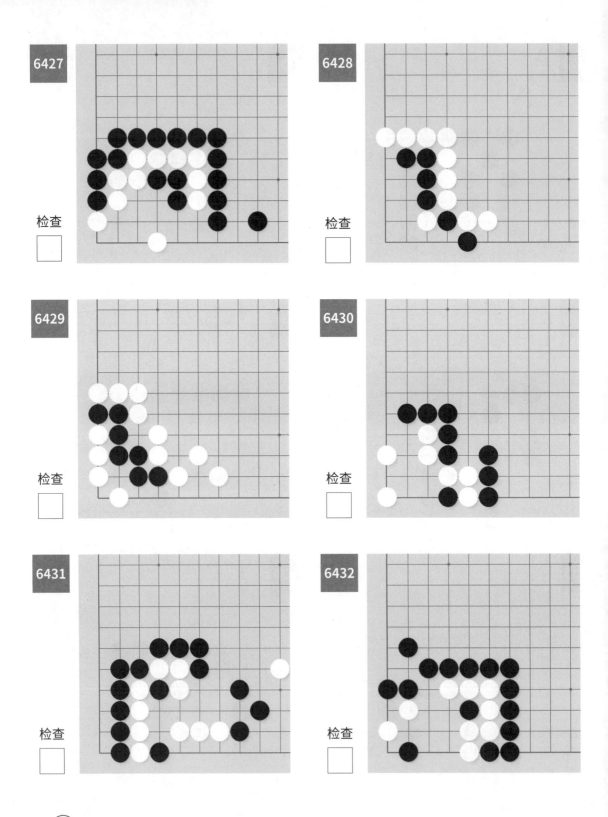

6427　检查 □

6428　检查 □

6429　检查 □

6430　检查 □

6431　检查 □

6432　检查 □

6433

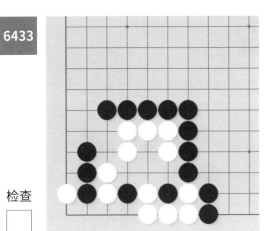

检查

6434

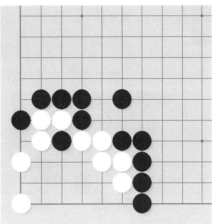

检查

6435

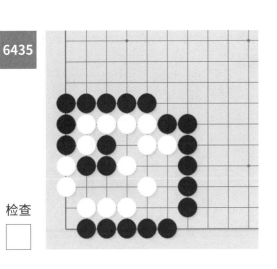

检查

6436

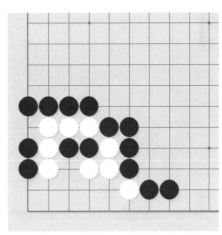

检查

6437

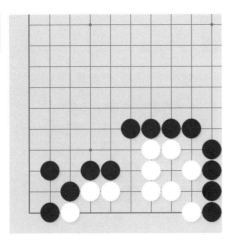

检查

6438

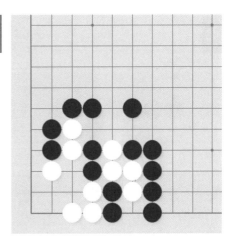

检查

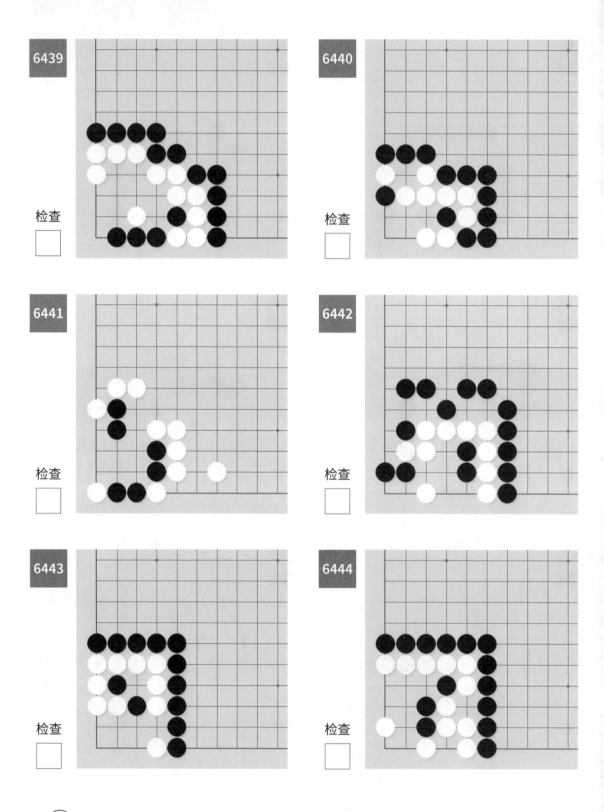

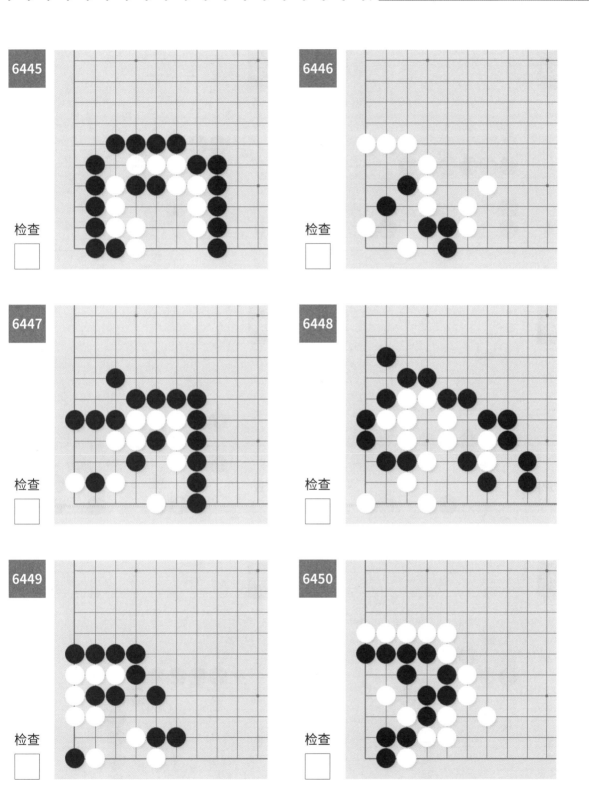

6445 检查

6446 检查

6447 检查

6448 检查

6449 检查

6450 检查

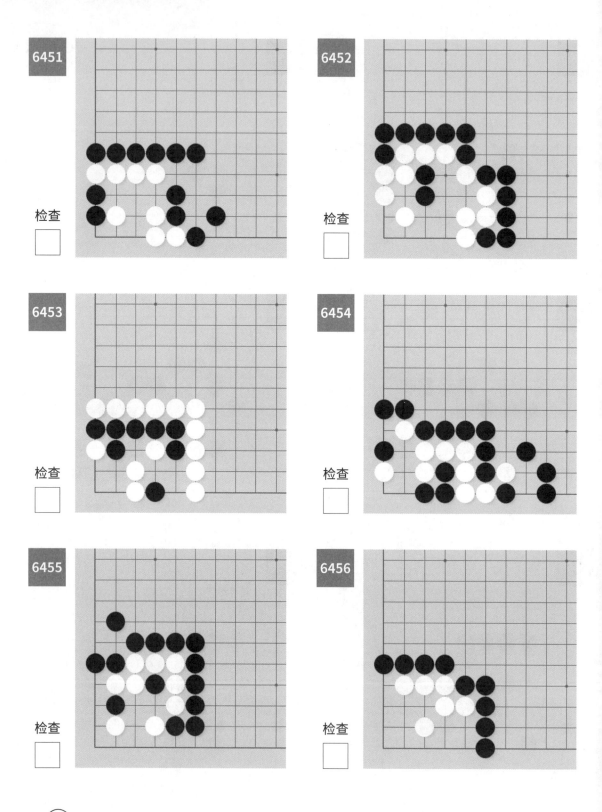

6457

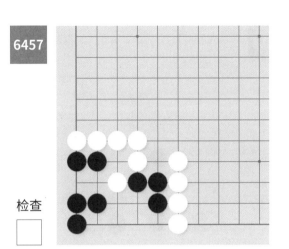

检查

6458

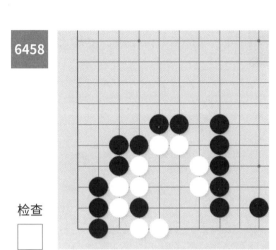

检查

6459

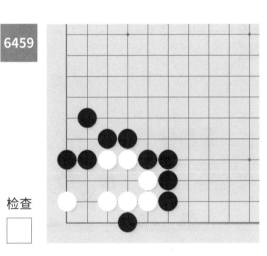

检查

6460

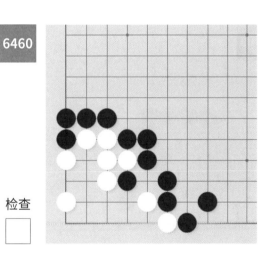

检查

6461

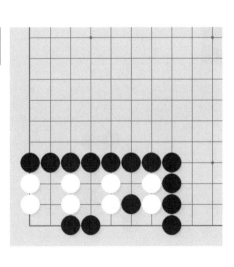

检查

6462

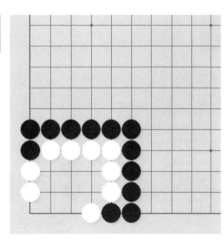

检查

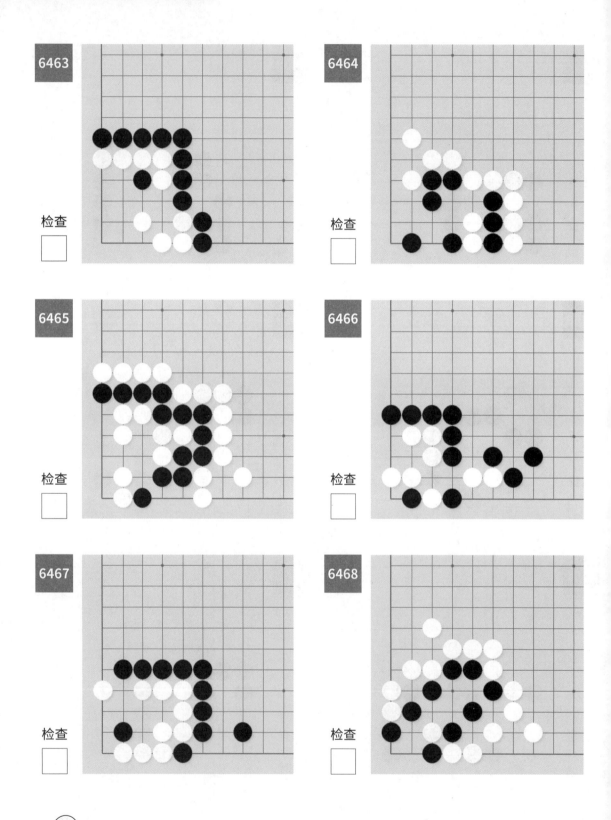

6469

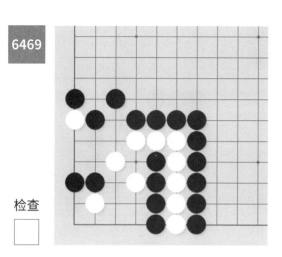

检查

6470

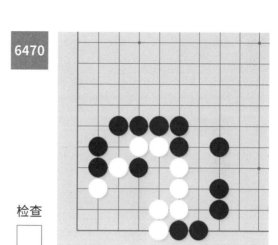

检查

6471

检查

6472

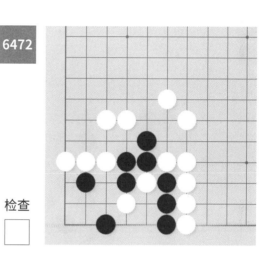

检查

6473

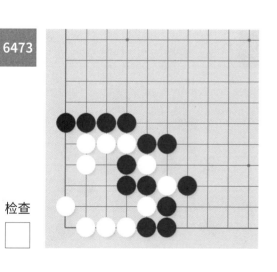

检查

6474

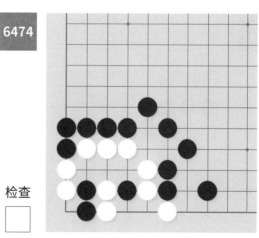

检查

89

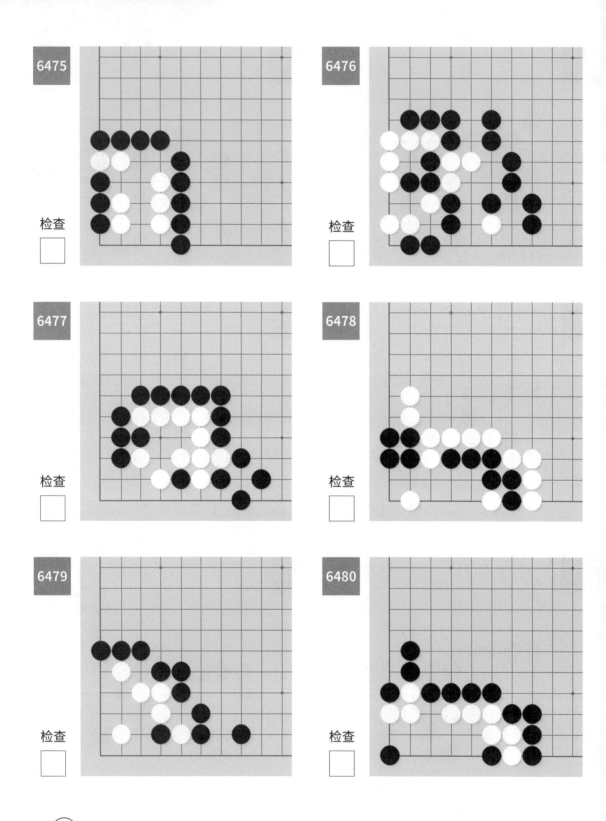

6475 检查

6476 检查

6477 检查

6478 检查

6479 检查

6480 检查

6481
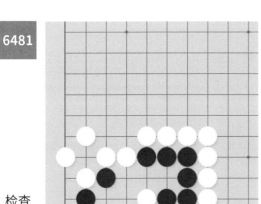
检查

6482
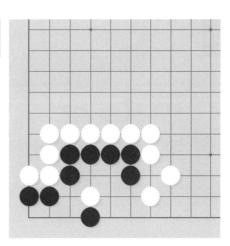
检查

6483
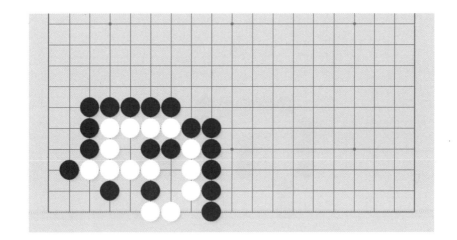
检查

6484
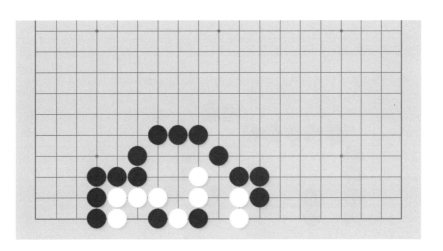
检查

6485

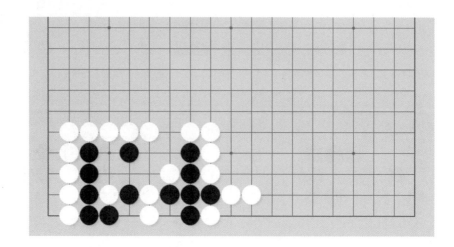

检查

6486

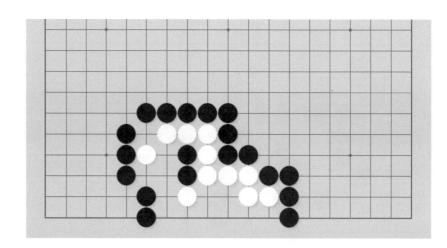

检查

6487

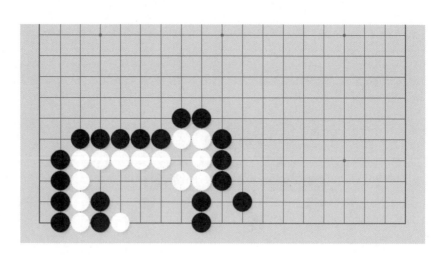

检查

6488

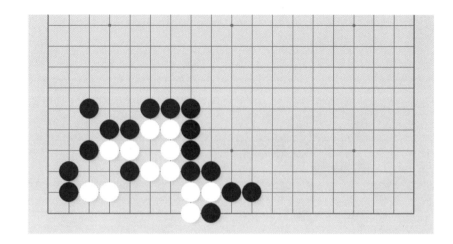

检查

6489

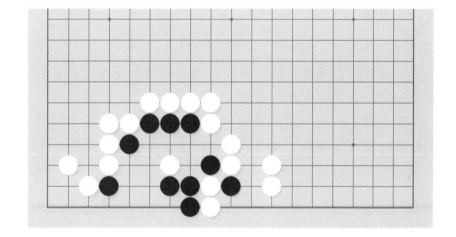

检查

6490

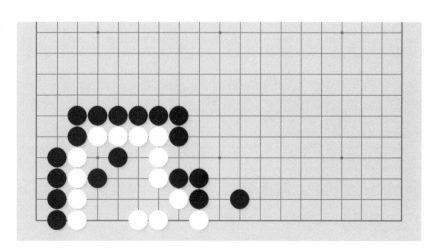

检查

6491

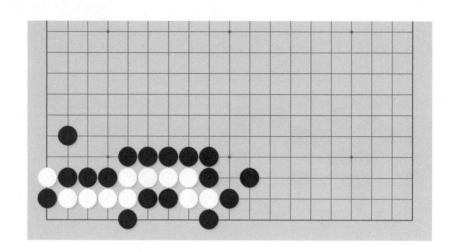

检查

安全运转

安全运转，在围棋术语中，指如何在优势的局面下稳扎稳打，保持到最后一刻，将优势化为胜势。

只要是棋手，就一定有将大优之局输掉的经验，通常这代表着自己简化局面的能力还不够，或是不细心，才会被对手抓到反击的机会。

——胡啸城

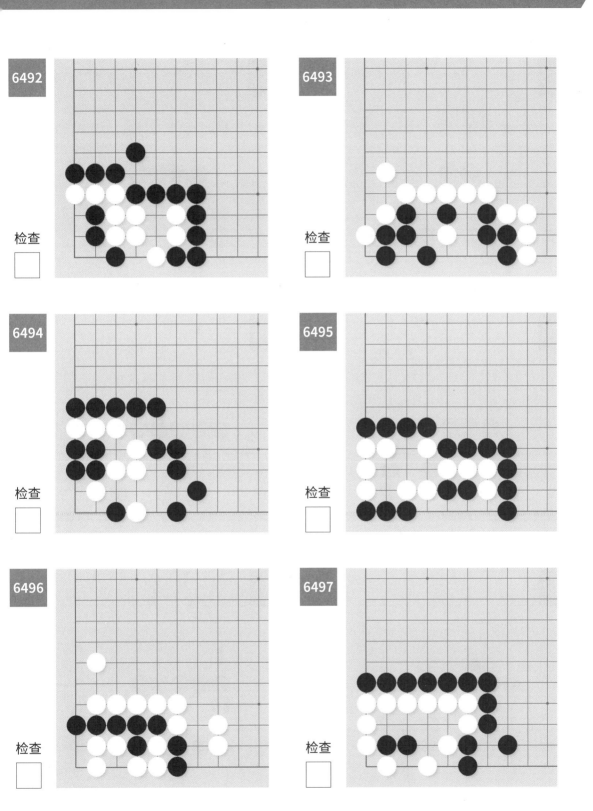

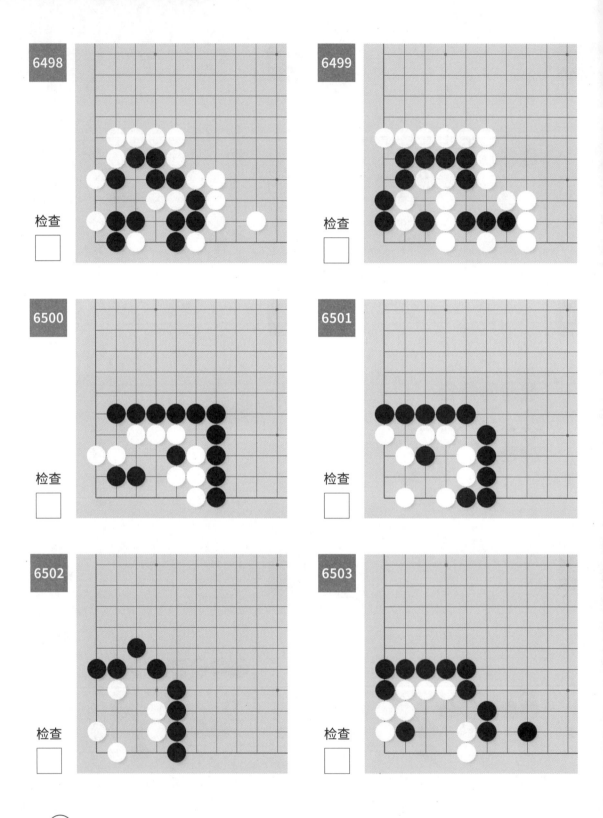

6504

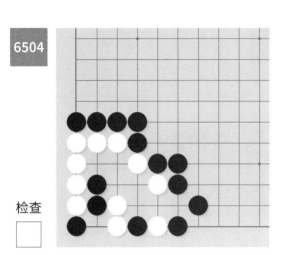

检查

6505

检查

6506

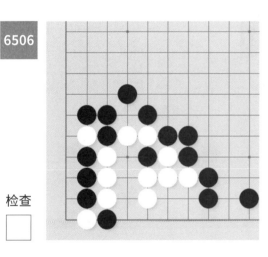

检查

6507

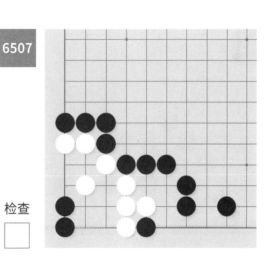

检查

6508

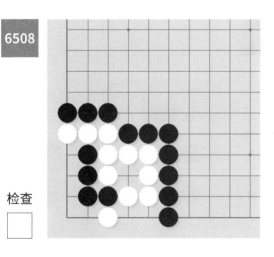

检查

6509

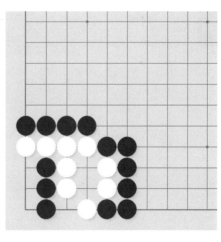

检查

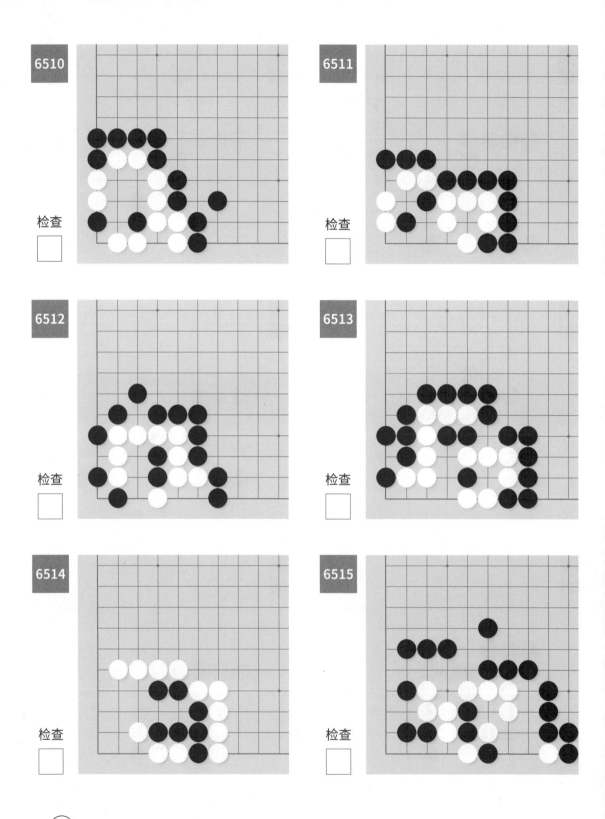

6510

检查

6511

检查

6512

检查

6513

检查

6514

检查

6515

检查

6516

检查

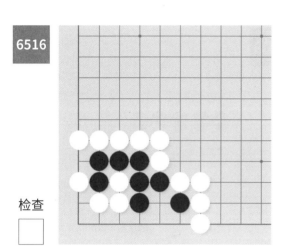

6517

检查

6518

检查

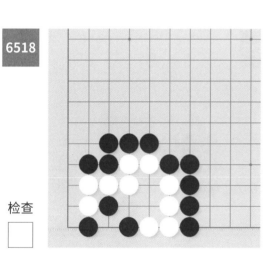

6519

检查

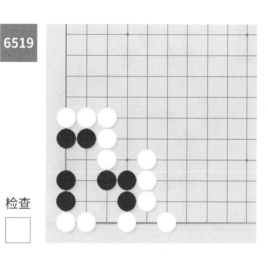

6520

检查

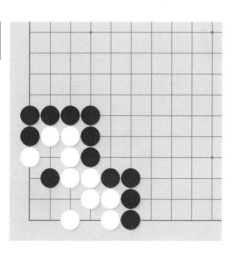

6521

检查

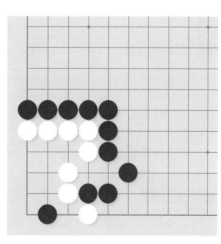

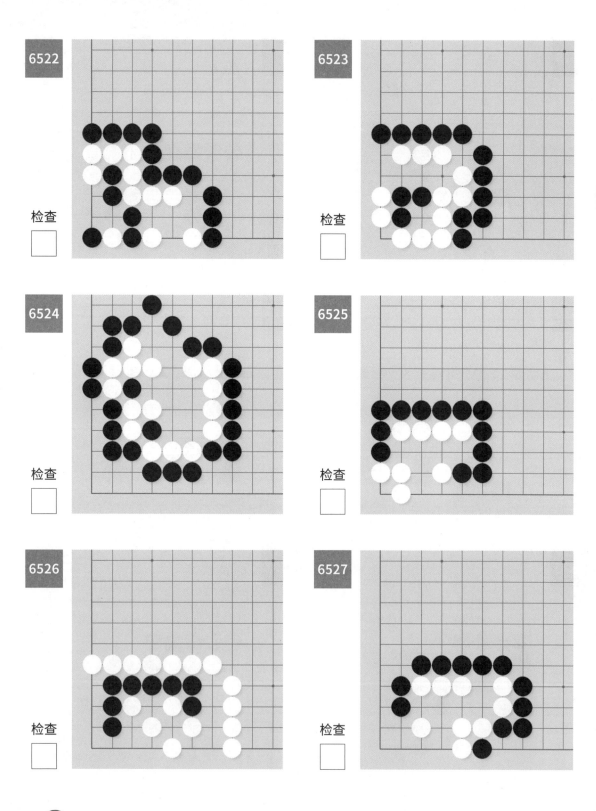

6528

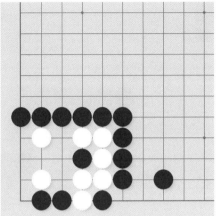

检查

6529

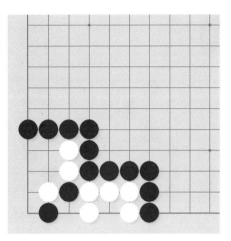

检查

6530

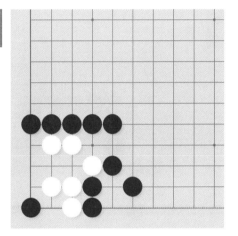

检查

6531

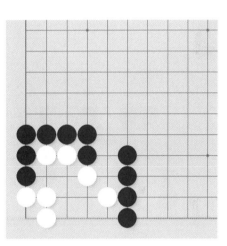

检查

6532

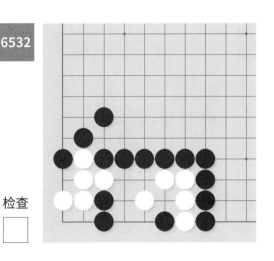

检查

6533

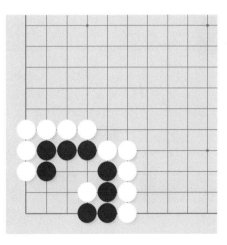

检查

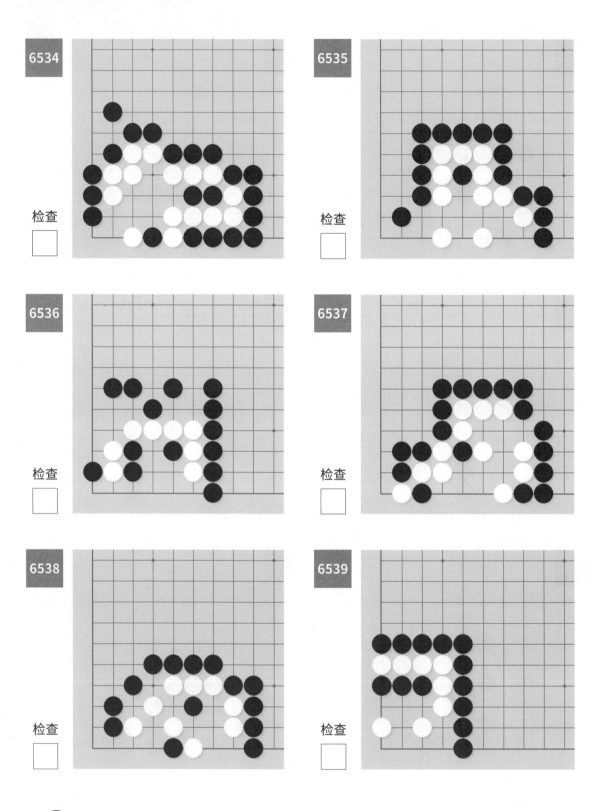

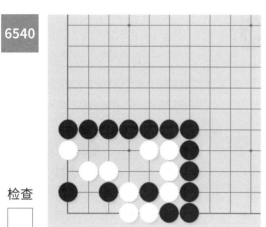

6540

检查

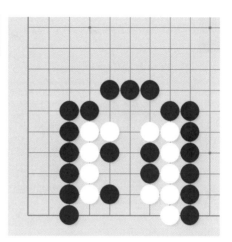

6541

检查

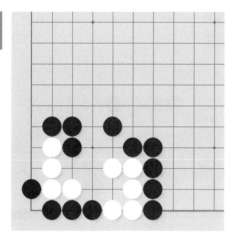

6542

检查

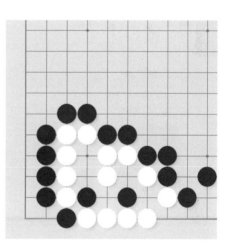

6543

检查

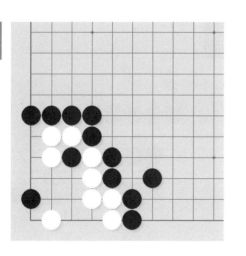

6544

检查

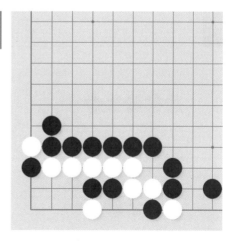

6545

检查

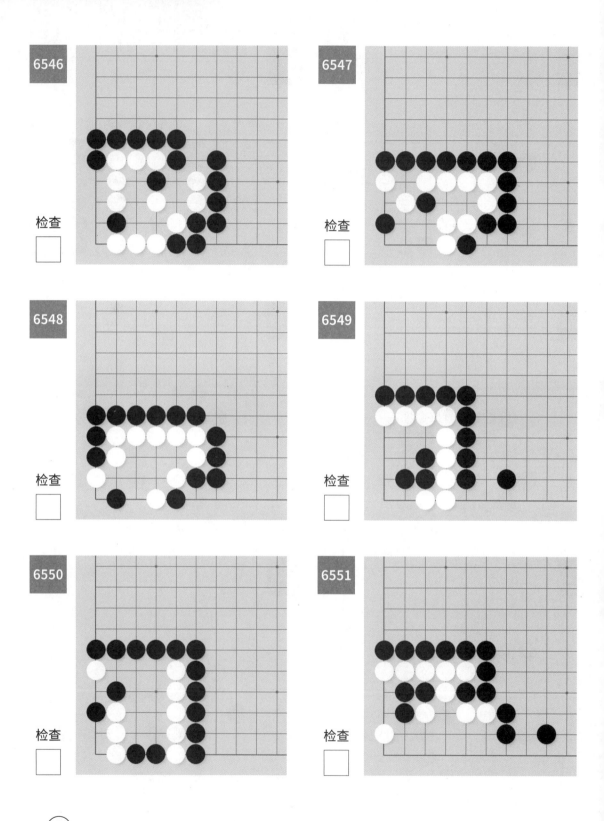

6552

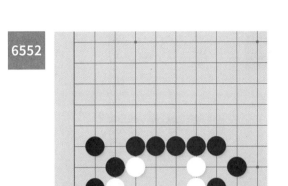

检查

6553

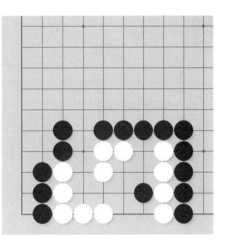

检查

6554

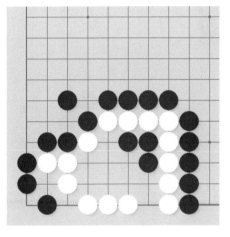

检查

6555

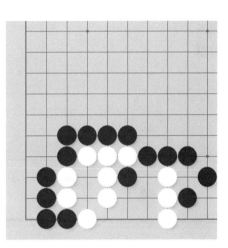

检查

6556

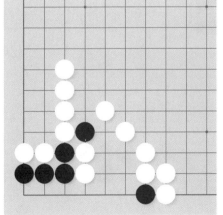

检查

6557

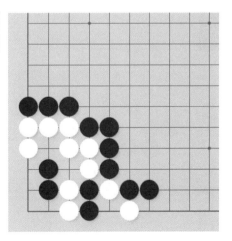

检查

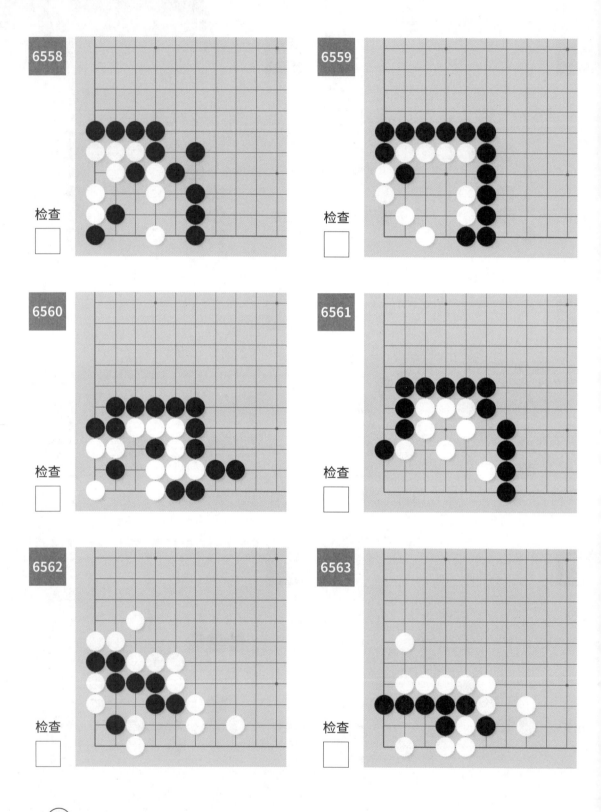

6558

检查

6559

检查

6560

检查

6561

检查

6562

检查

6563

检查

6564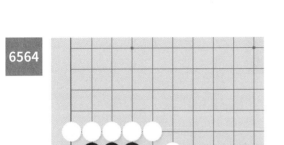

检查 ☐

6565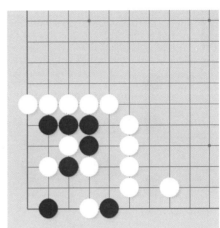

检查 ☐

6566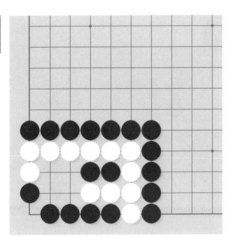

检查 ☐

6567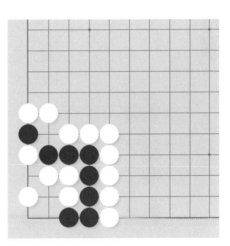

检查 ☐

6568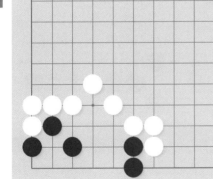

检查 ☐

6569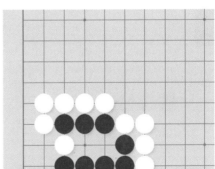

检查 ☐

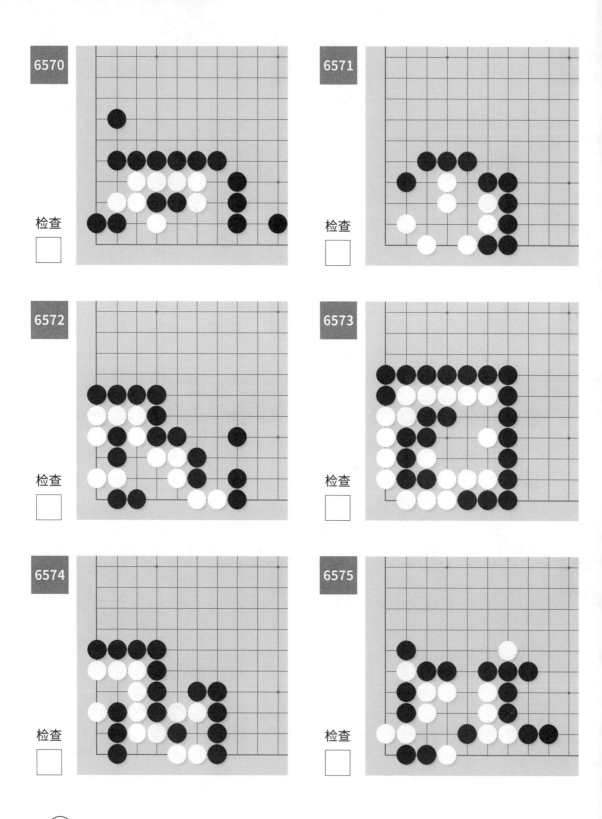

6576
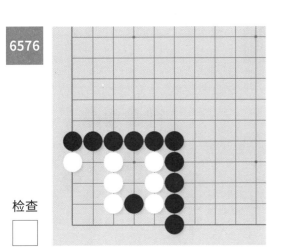
检查

6577
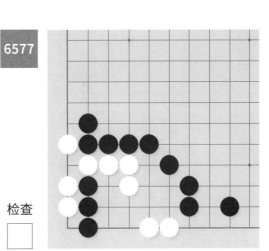
检查

6578
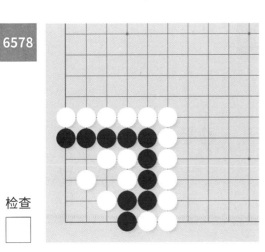
检查

6579
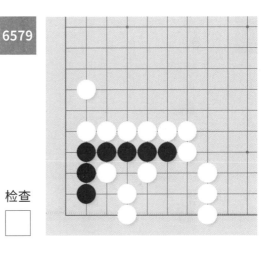
检查

6580
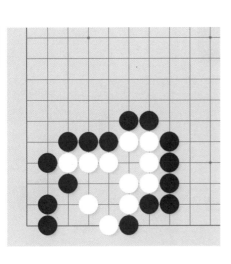
检查

6581
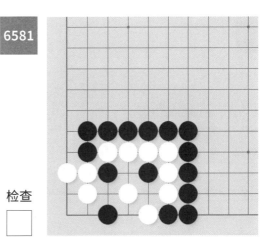
检查

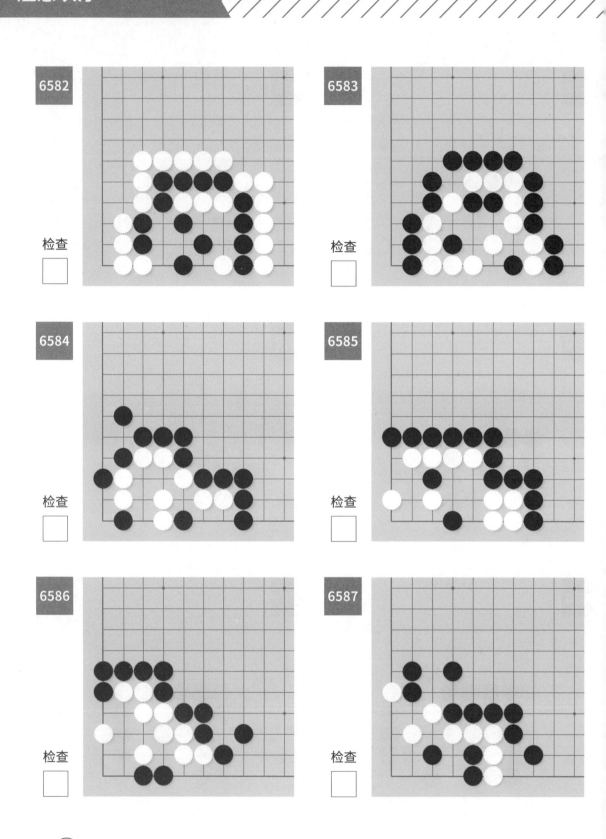

6588

检查

6589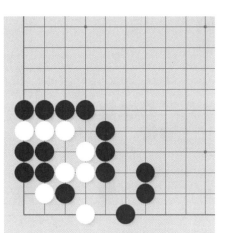

检查

6590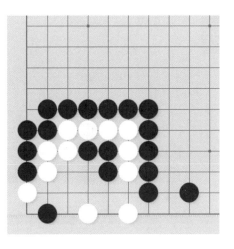

检查

6591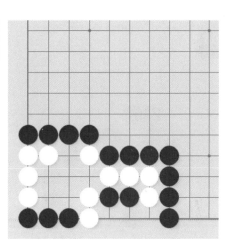

检查

6592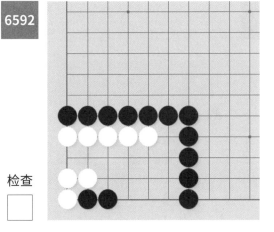

检查

6593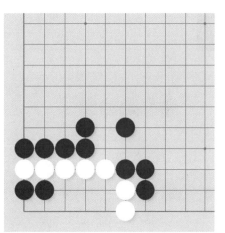

检查

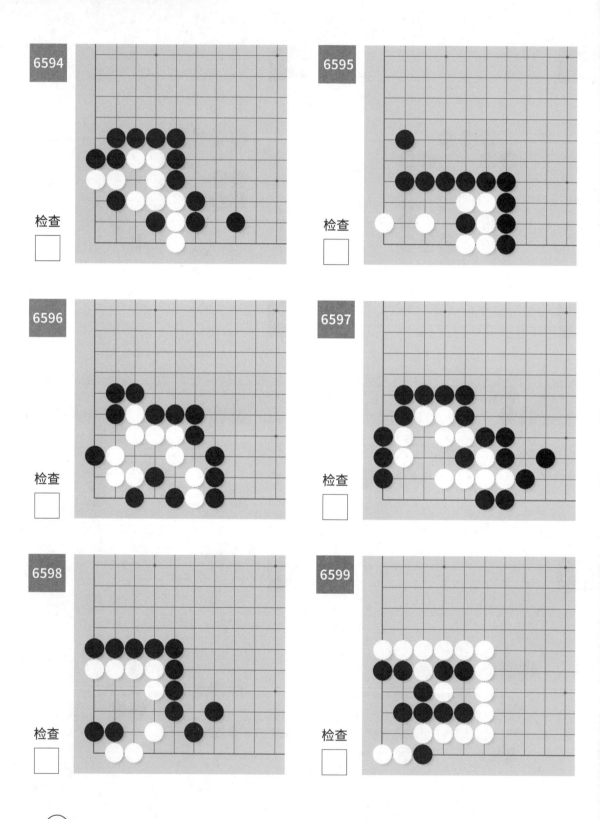

6594

检查

6595

检查

6596

检查

6597

检查

6598

检查

6599

检查

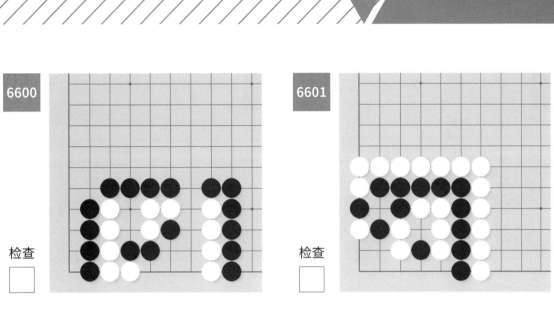

6600
检查

6601
检查

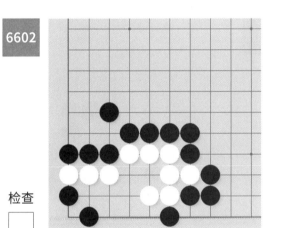

6602
检查

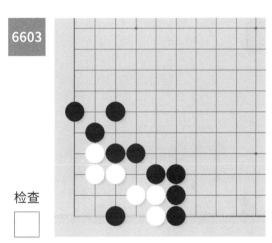

6603
检查

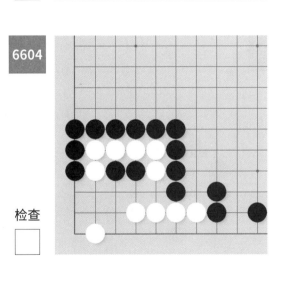

6604
检查

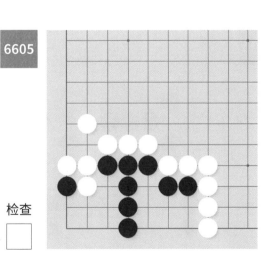

6605
检查

113

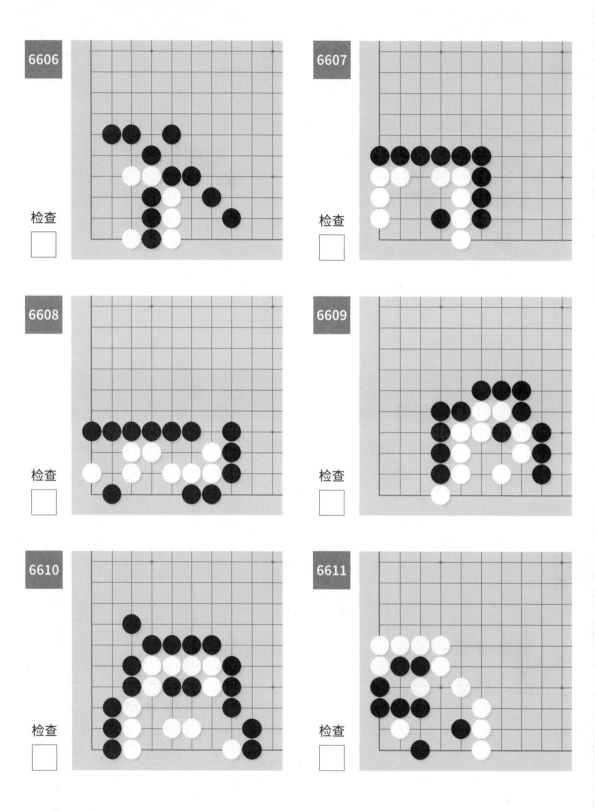

6612

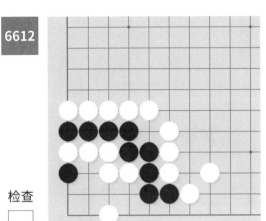

检查

6613

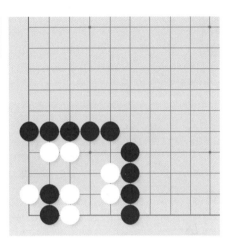

检查

6614

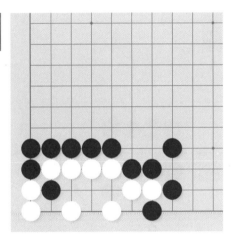

检查

6615

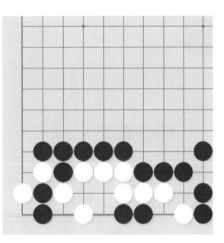

检查

6616

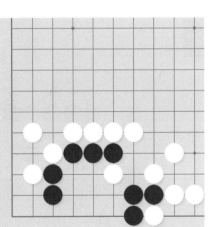

检查

6617

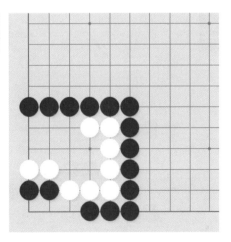

检查

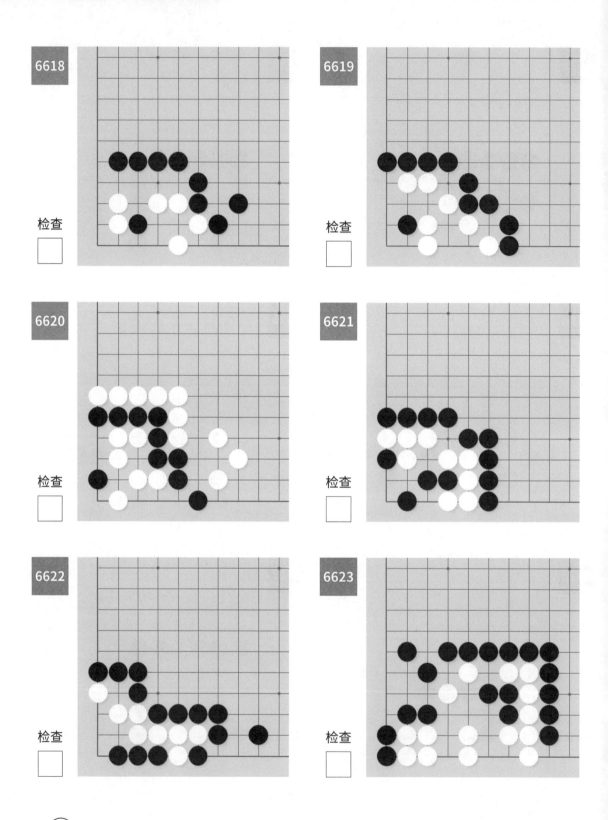

6618

检查

6619

检查

6620

检查

6621

检查

6622

检查

6623

检查

6624
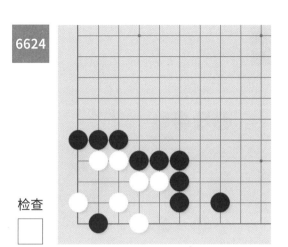
检查

6625
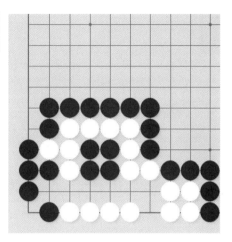
检查

6626
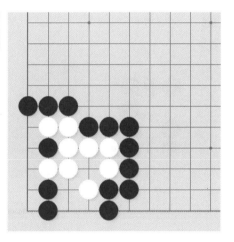
检查

6627
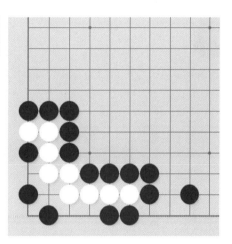
检查

6628
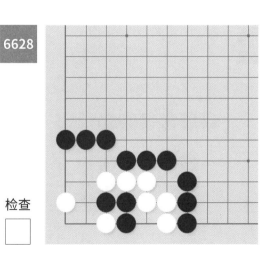
检查

6629
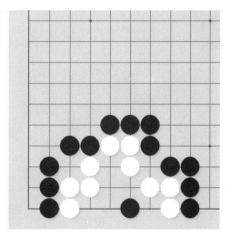
检查

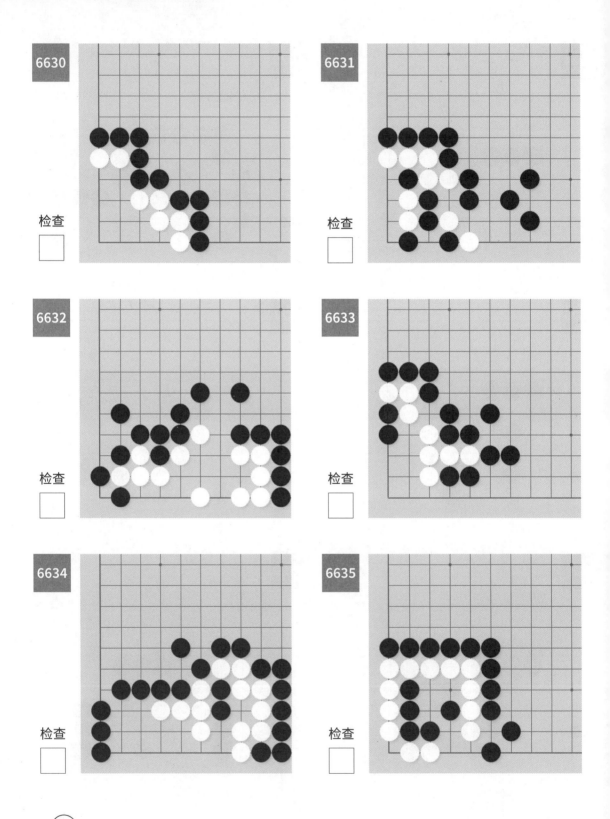

6636

检查

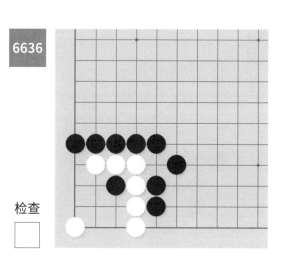

6637

检查

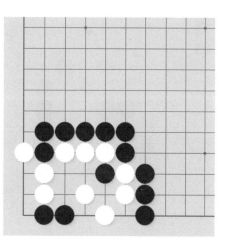

6638

检查

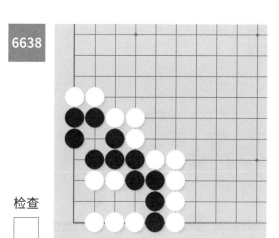

6639

检查

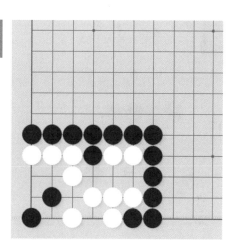

6640

检查

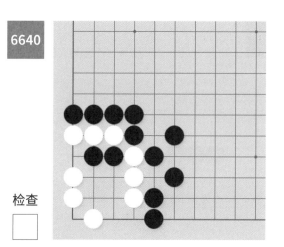

6641

检查

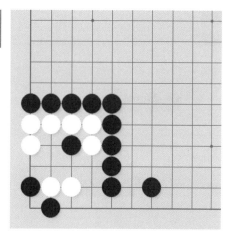

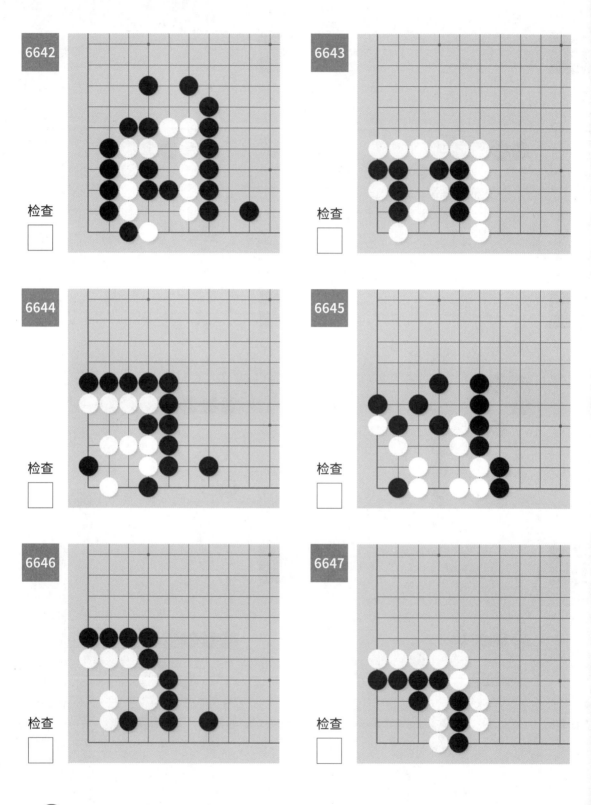

6642

检查

6643

检查

6644

检查

6645

检查

6646

检查

6647

检查

6648

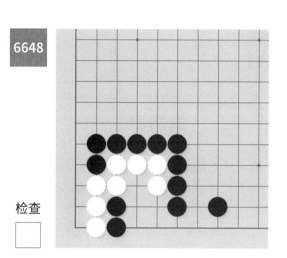

检查

6649

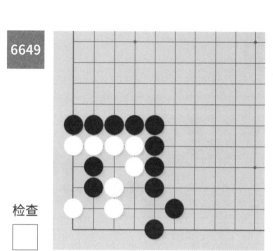

检查

6650

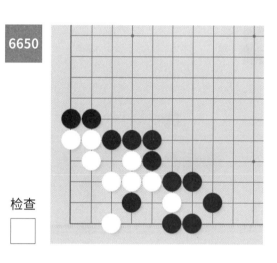

检查

6651

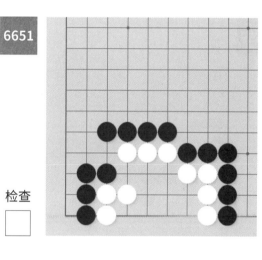

检查

6652

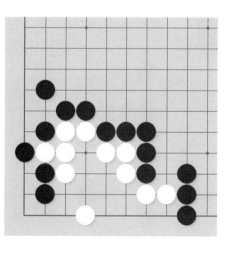

检查

6653

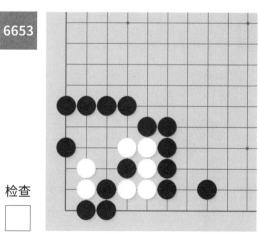

检查

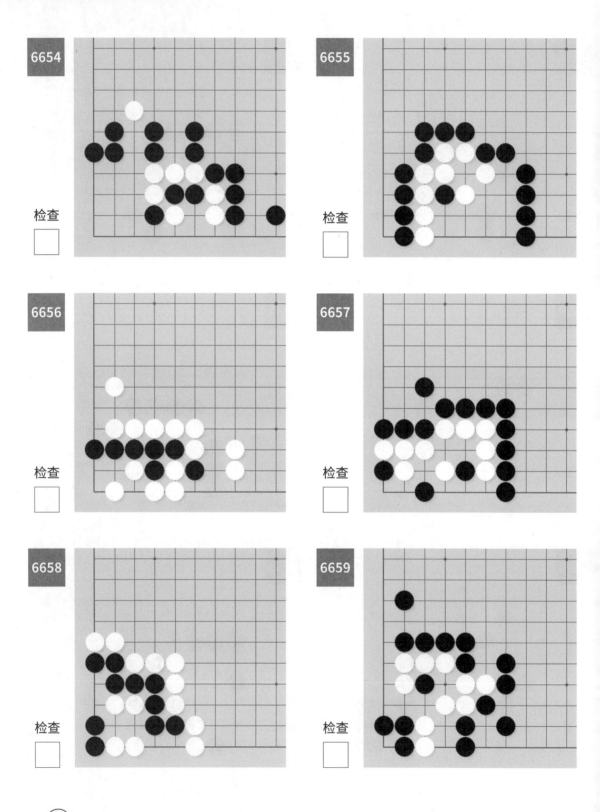

6660

6661
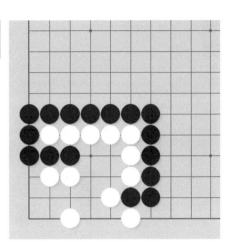

检查

检查

6662

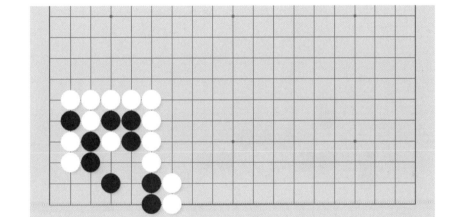

检查

6663

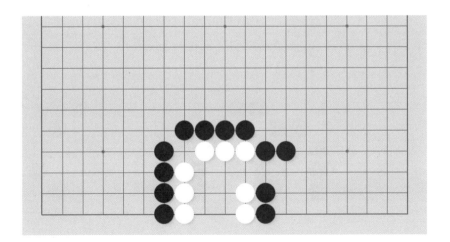

检查

6664

检查

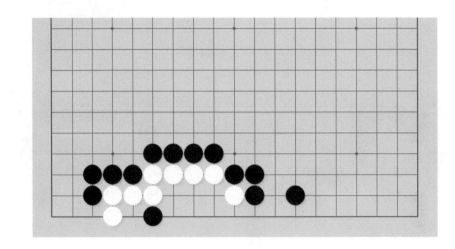

6665

检查

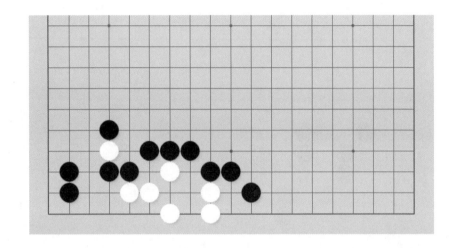

6666

检查

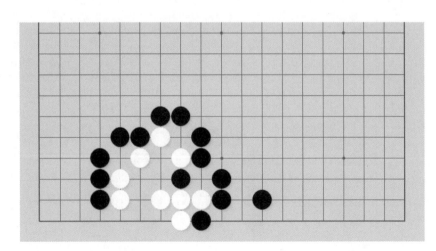

6667

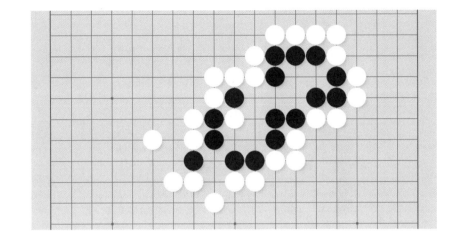

检查

6668

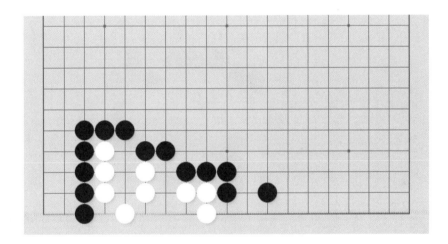

检查

6669

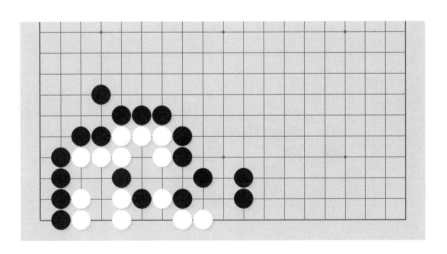

检查

6670

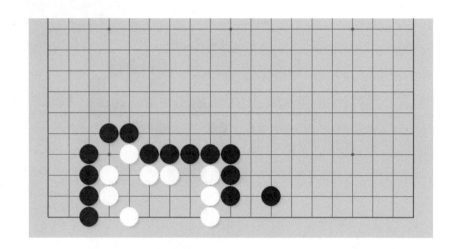

检查

☐

6671

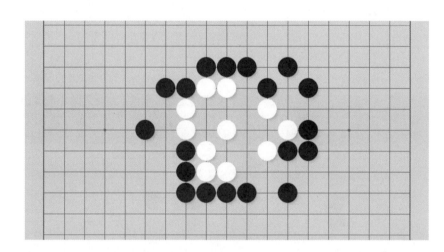

检查

☐

6672

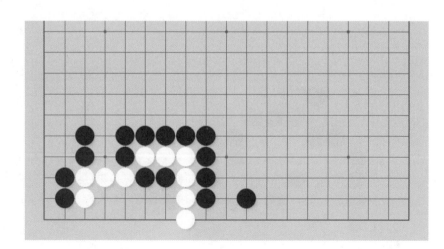

检查

☐

6673

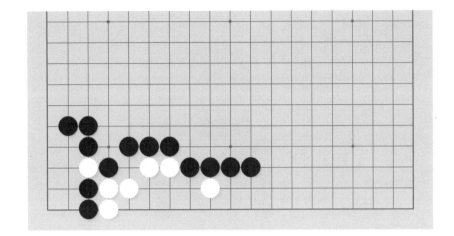

检查

6674

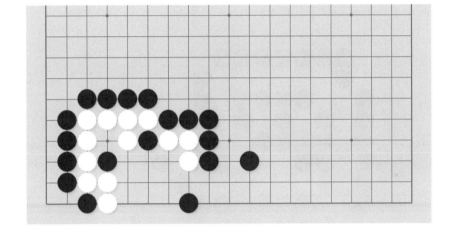

检查

6675

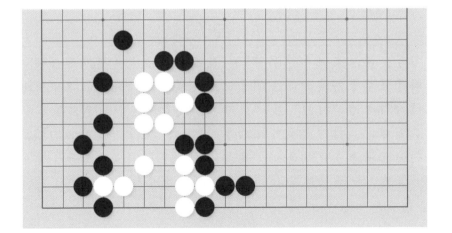

检查

6676

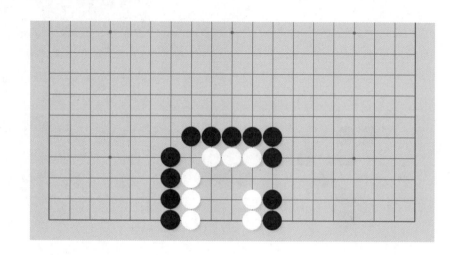

检查

6677

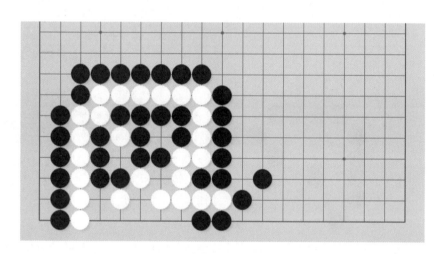

检查

勺子

勺子，说法来源于"漏勺"，在围棋术语中意指漏着或错着，而该错着对于该棋手的实力而言属于低级失误。因此在围棋里一步明显的失着往往被称之为"打勺"或"出勺"，或者说这个人下出了"勺子"。

在围棋中，打勺是最可怕的事情之一。往往一盘美好的棋局，就会因为打勺而增添灰色的色彩。想要避免在下棋中出现勺子，需要拥有精密的计算力，一颗细腻的心和一点点小运气才行。

——卫泓泰

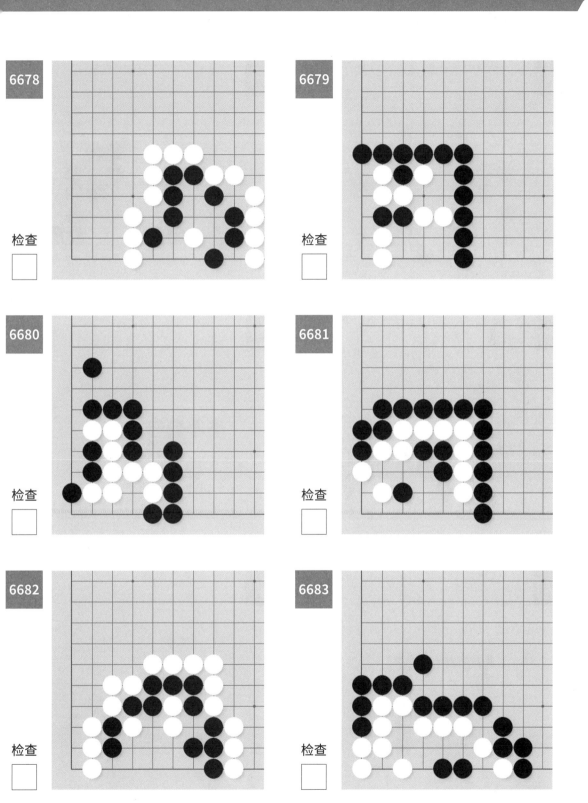

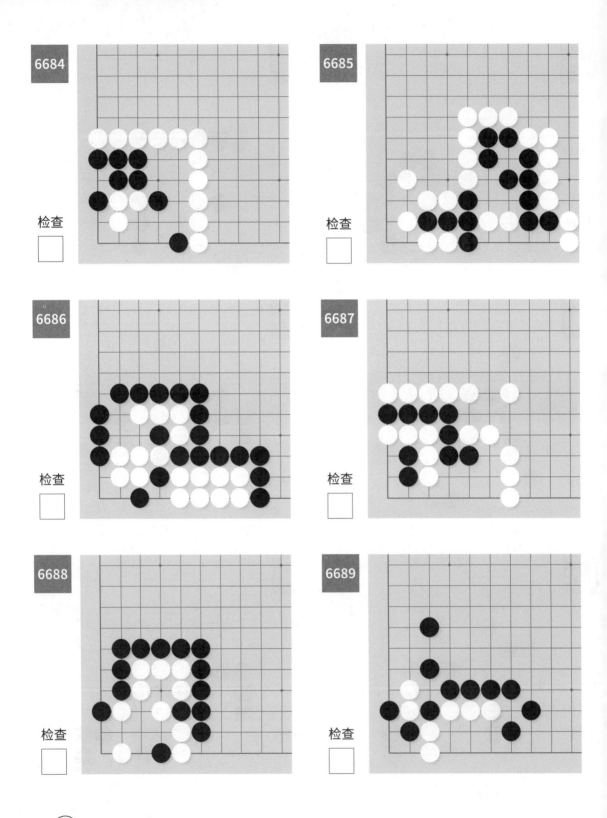

6690

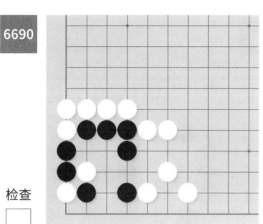

检查

6691

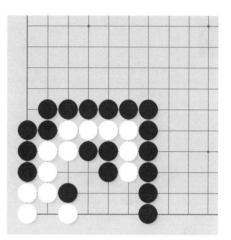

检查

6692

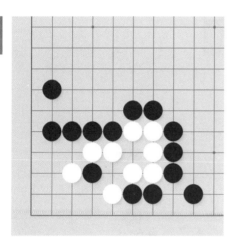

检查

6693

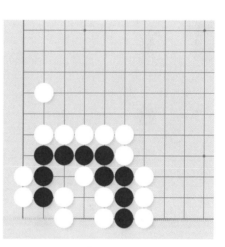

检查

6694

检查

6695

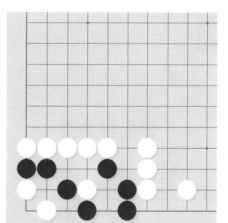

检查

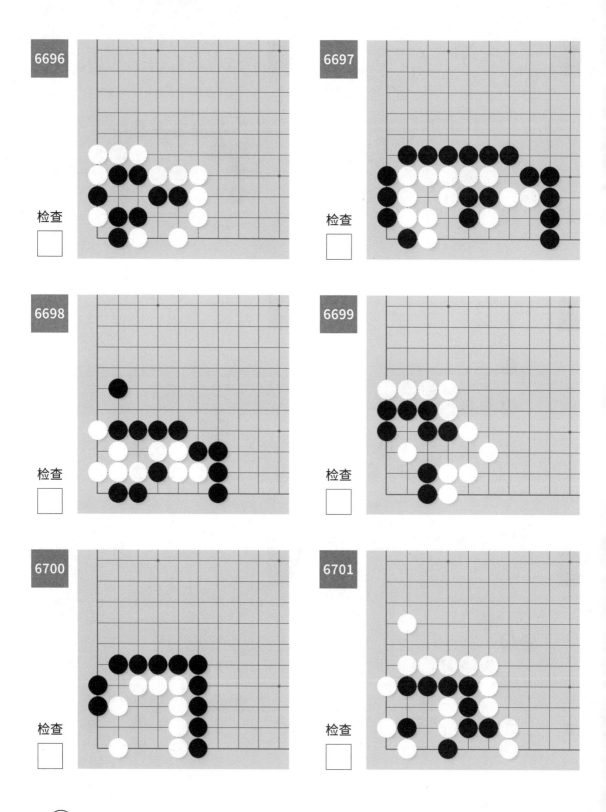

6702
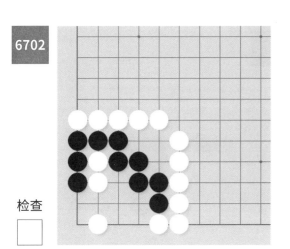
检查 □

6703
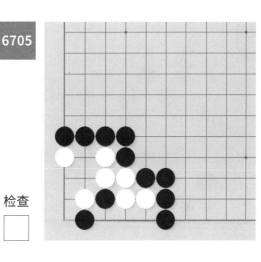
检查 □

6704
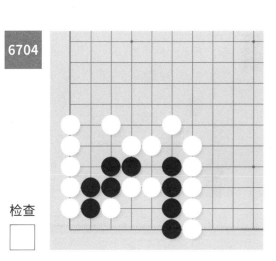
检查 □

6705
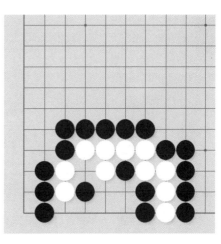
检查 □

6706
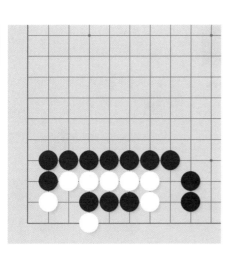
检查 □

6707
检查 □

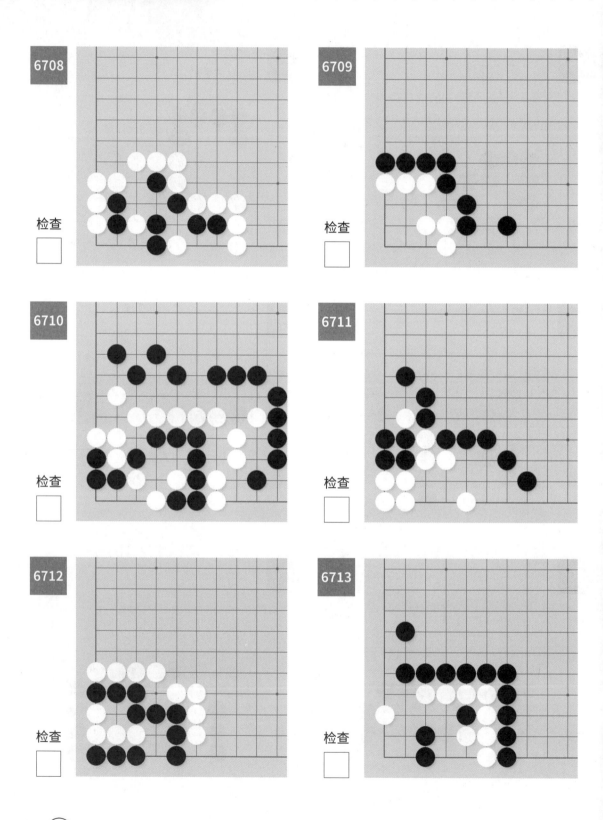

6708　检查

6709　检查

6710　检查

6711　检查

6712　检查

6713　检查

6714

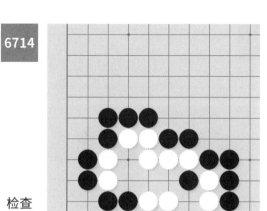

检查

6715

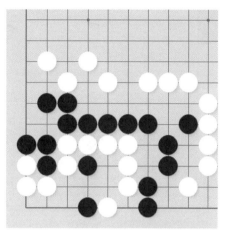

检查

6716

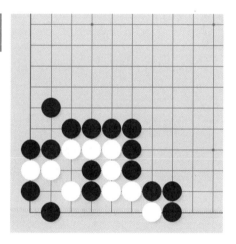

检查

6717

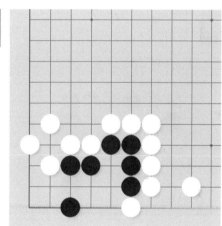

检查

6718

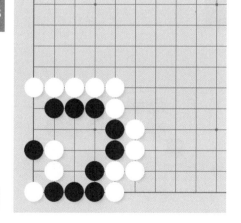

检查

6719

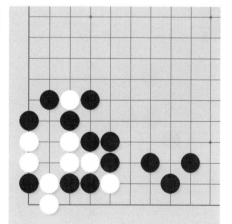

检查

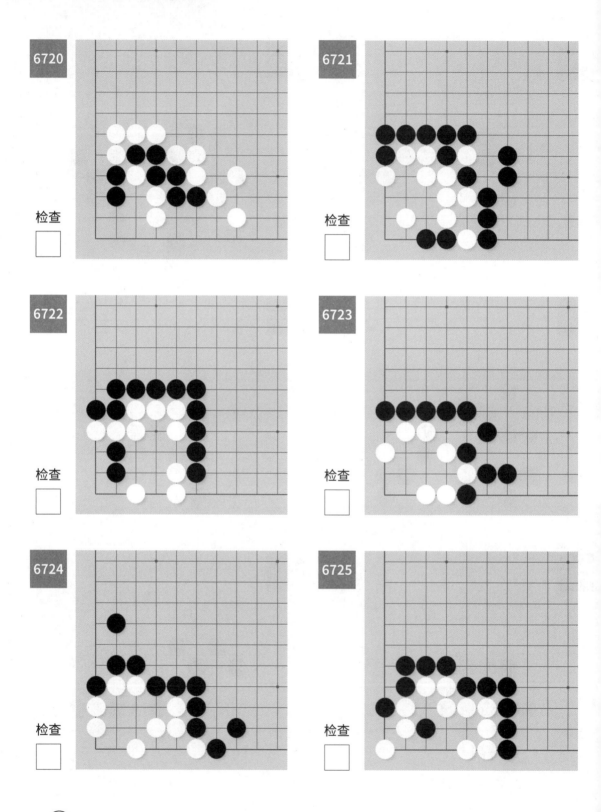

6726

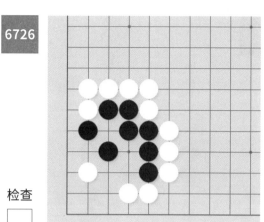

检查

6727

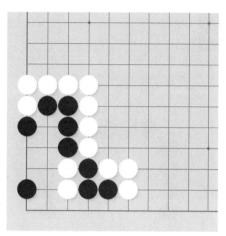

检查

6728

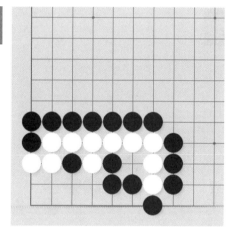

检查

6729

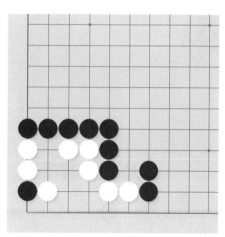

检查

6730

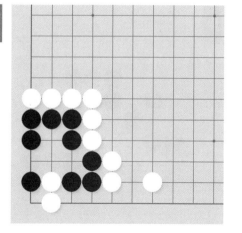

检查

6731

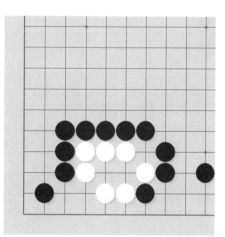

检查

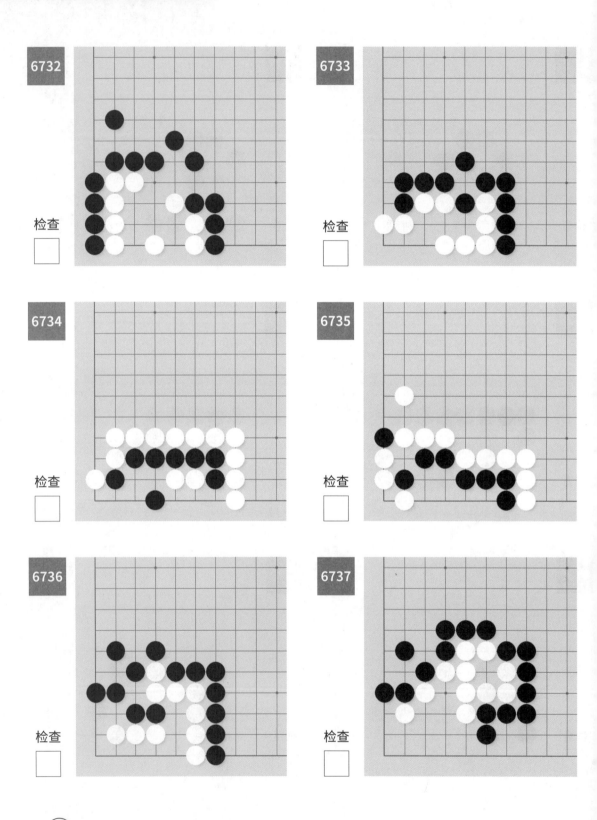

6738

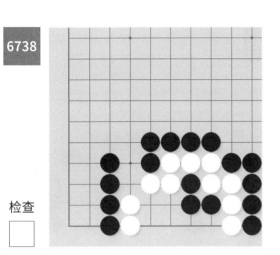

检查

6739

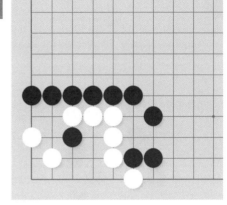

检查

6740

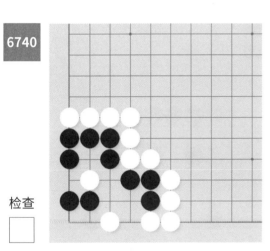

检查

6741

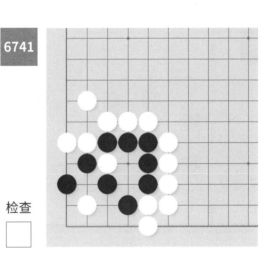

检查

6742

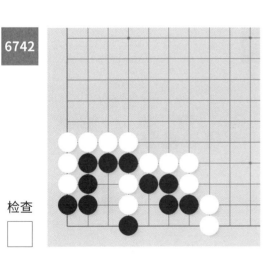

检查

6743

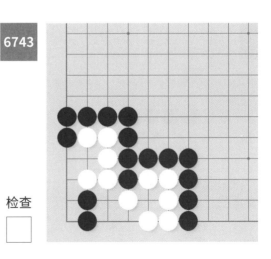

检查

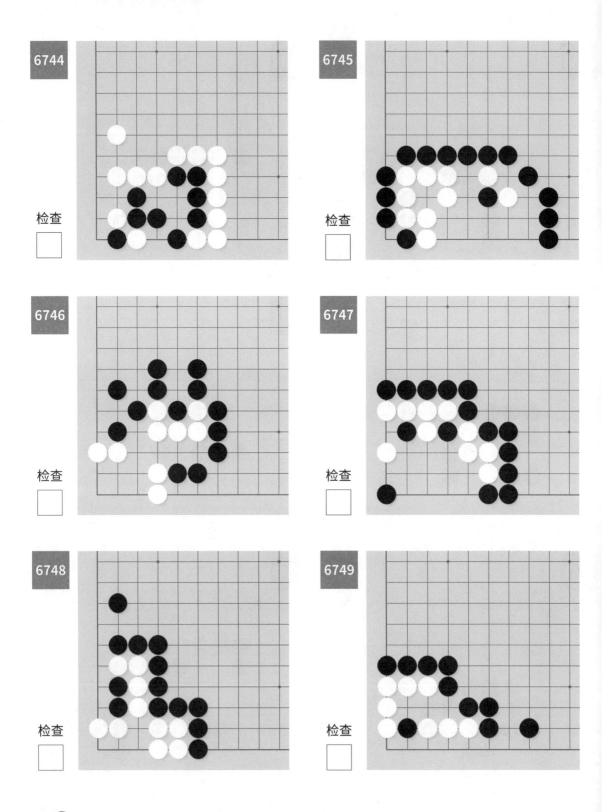

6750

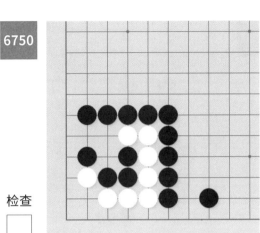

检查

6751

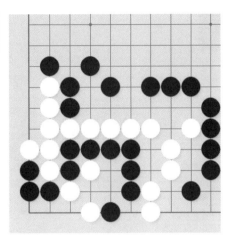

检查

6752

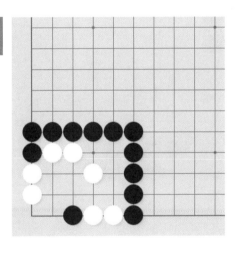

检查

6753

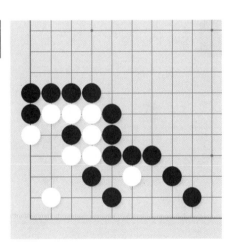

检查

6754

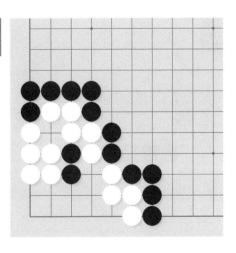

检查

6755

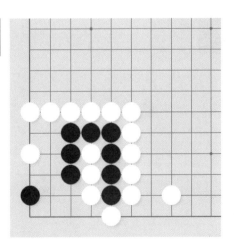

检查

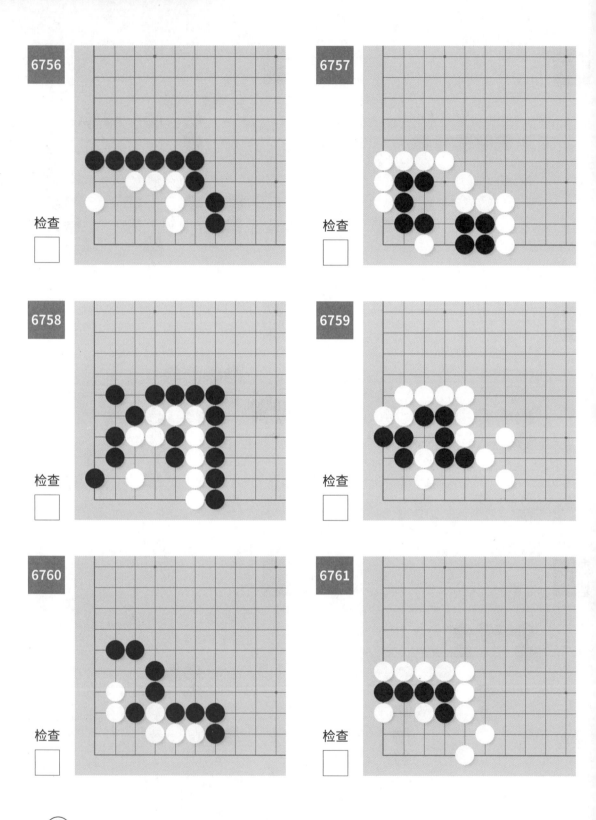

6762

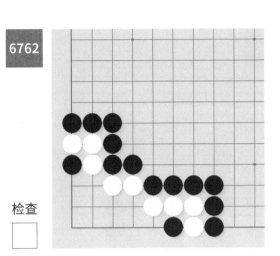

检查

6763

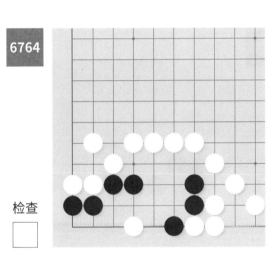

检查

6764

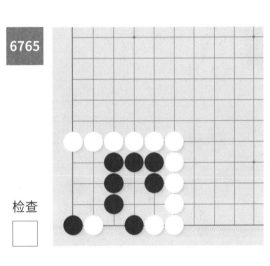

检查

6765

检查

6766

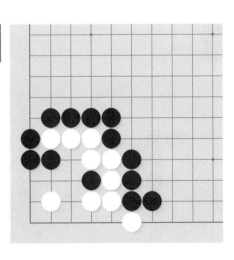

检查

6767

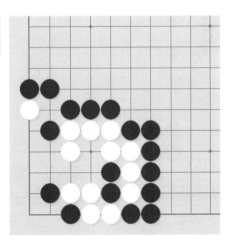

检查

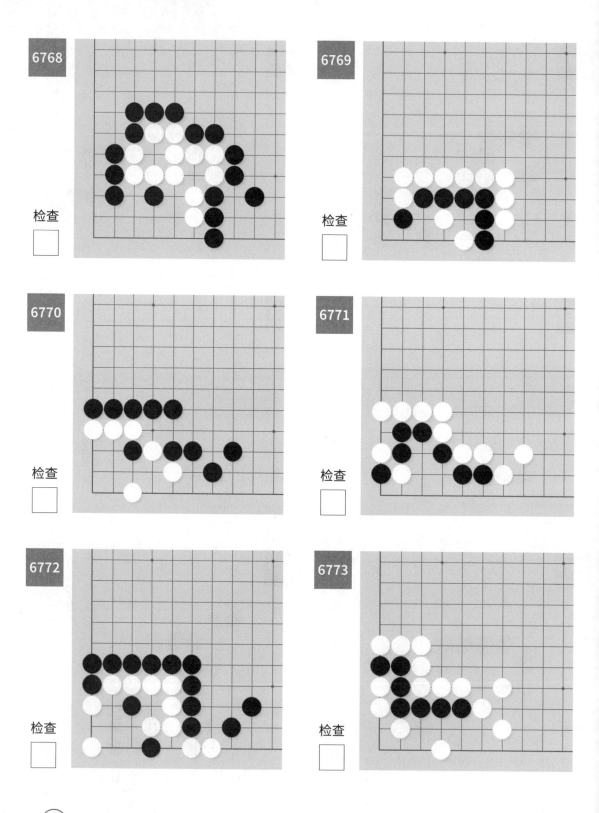

6768 检查

6769 检查

6770 检查

6771 检查

6772 检查

6773 检查

6774
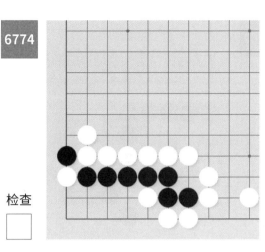
检查

6775
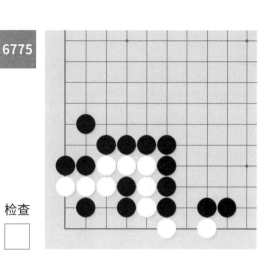
检查

6776
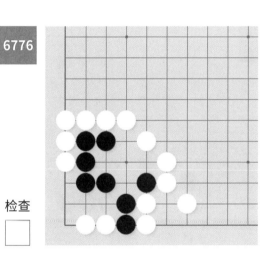
检查

6777
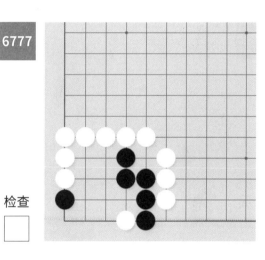
检查

6778
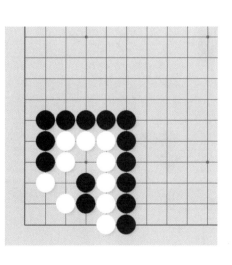
检查

6779
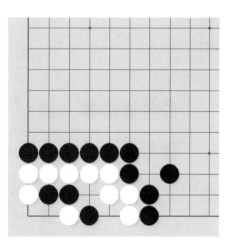
检查

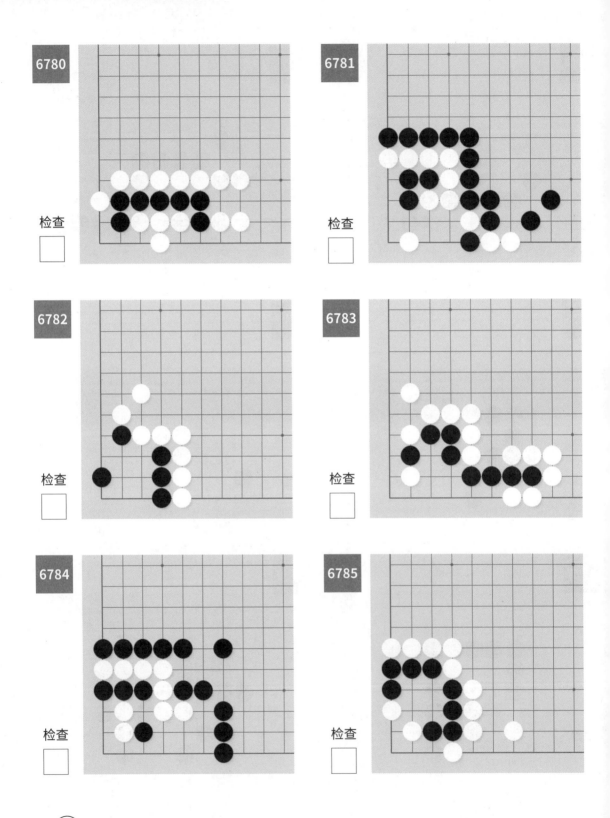

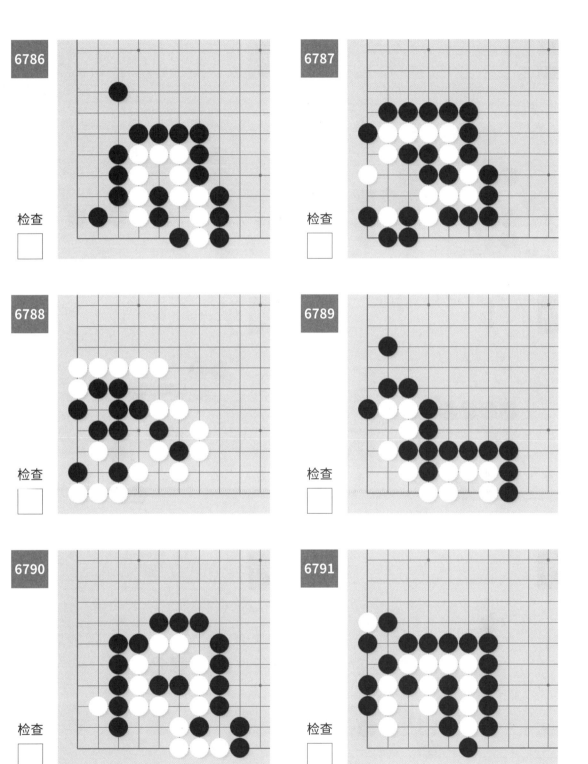

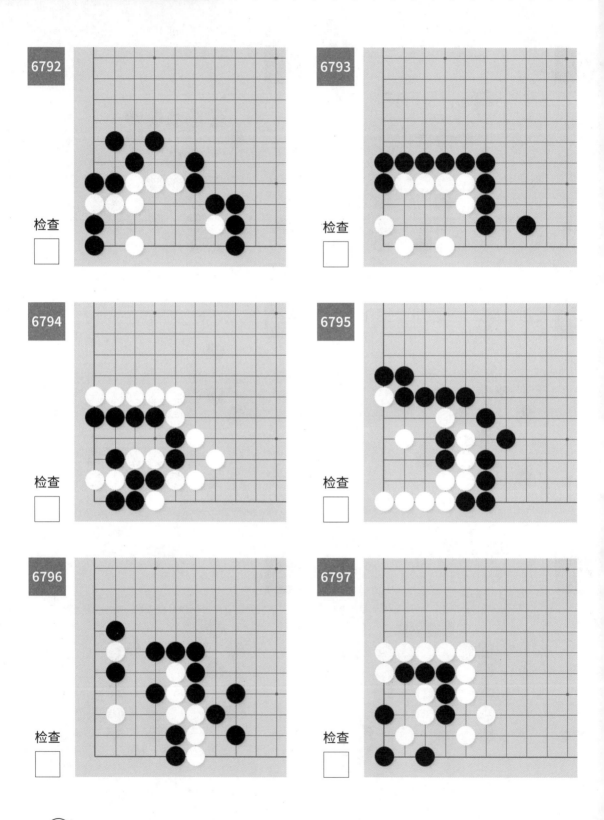

6798

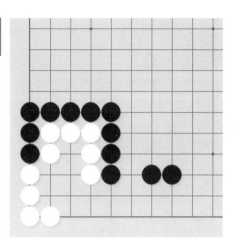

检查

6799

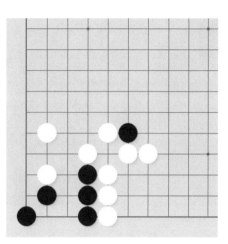

检查

6800

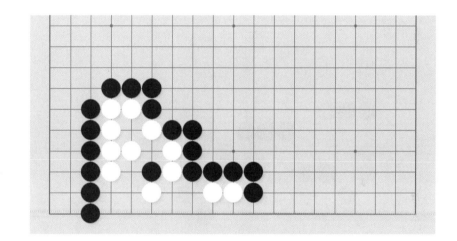

检查

6801

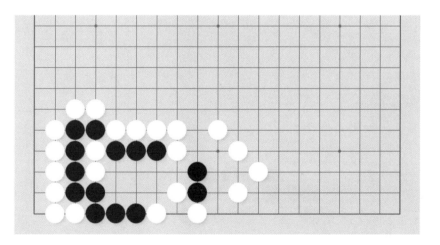

检查

149

6802

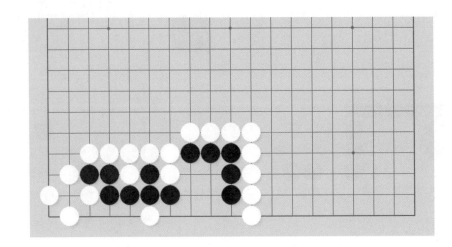

检查

6803

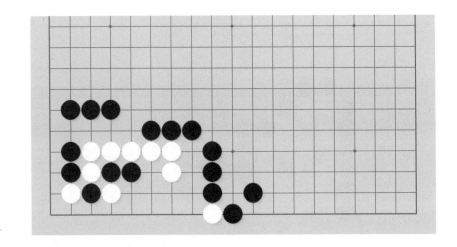

检查

6804

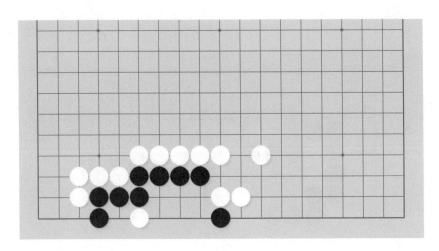

检查

6805

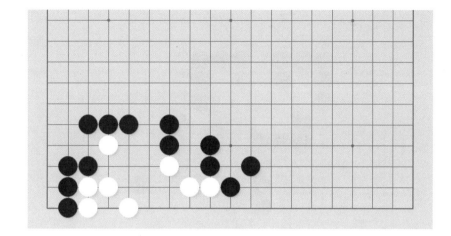

检查

6806

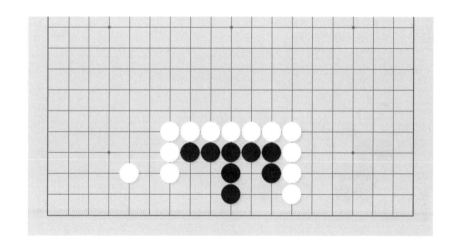

检查

6807

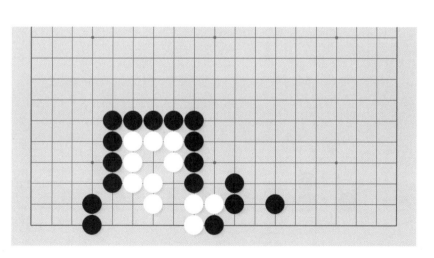

检查

6808

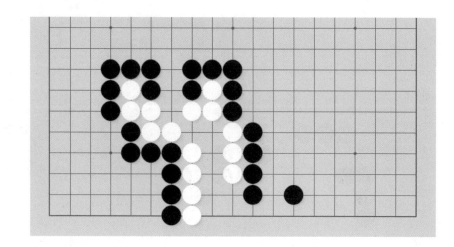

检查

6809

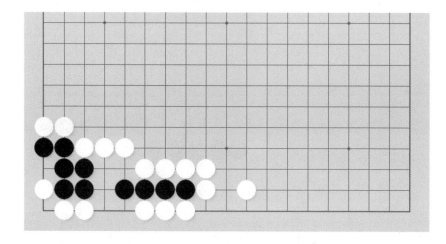

检查

6810

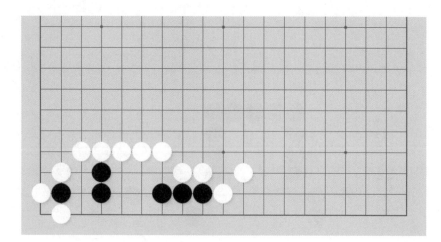

检查

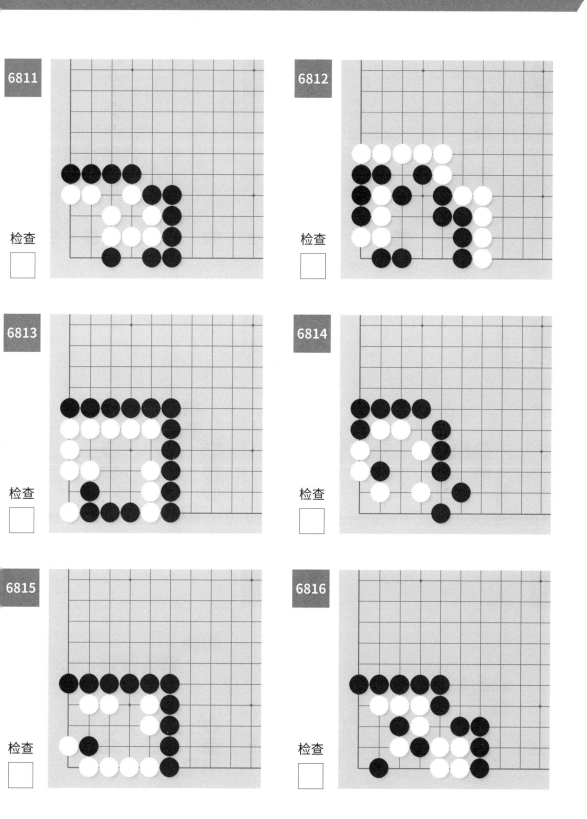

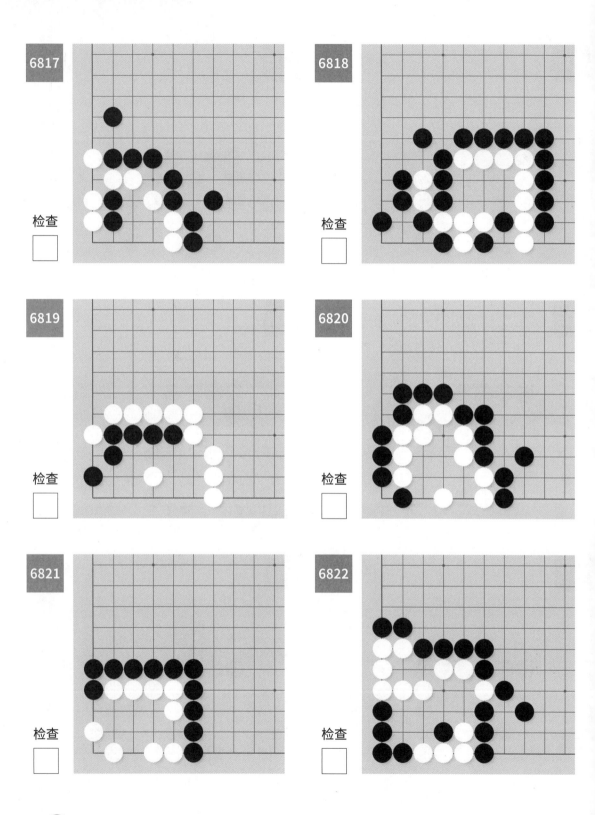

6823
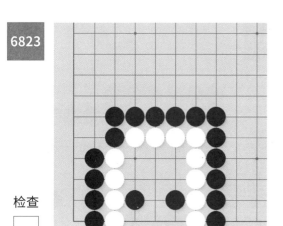
检查

6824

6825
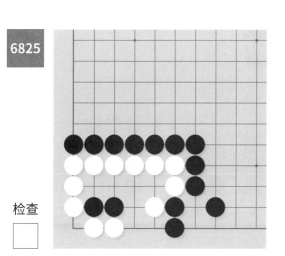
检查

6826
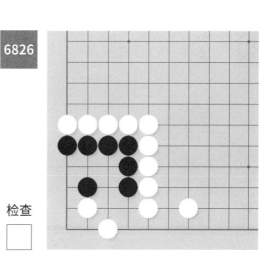
检查

6827
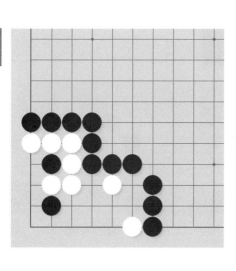
检查

6828
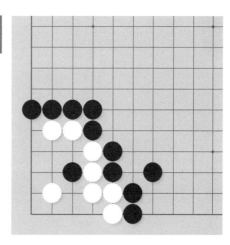
检查

155

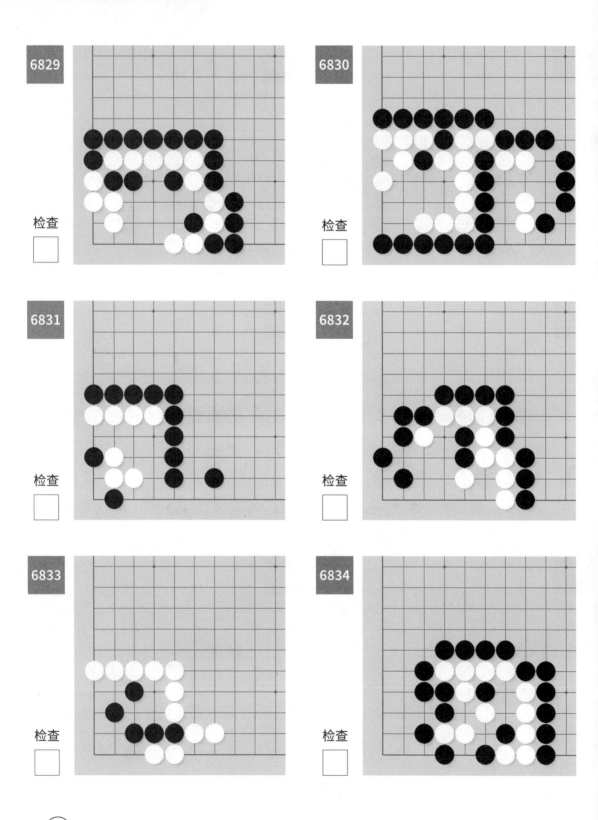

6835

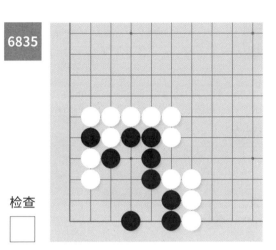

检查

6836

检查

6837

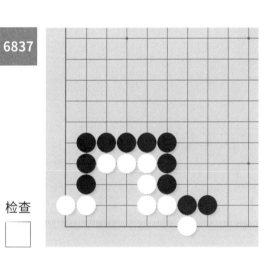

检查

6838

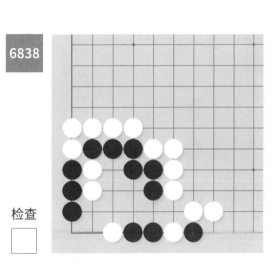

检查

6839

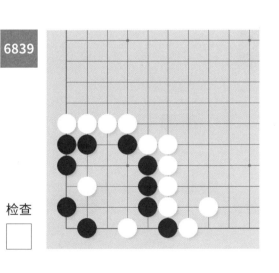

检查

6840

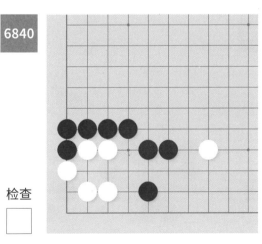

检查

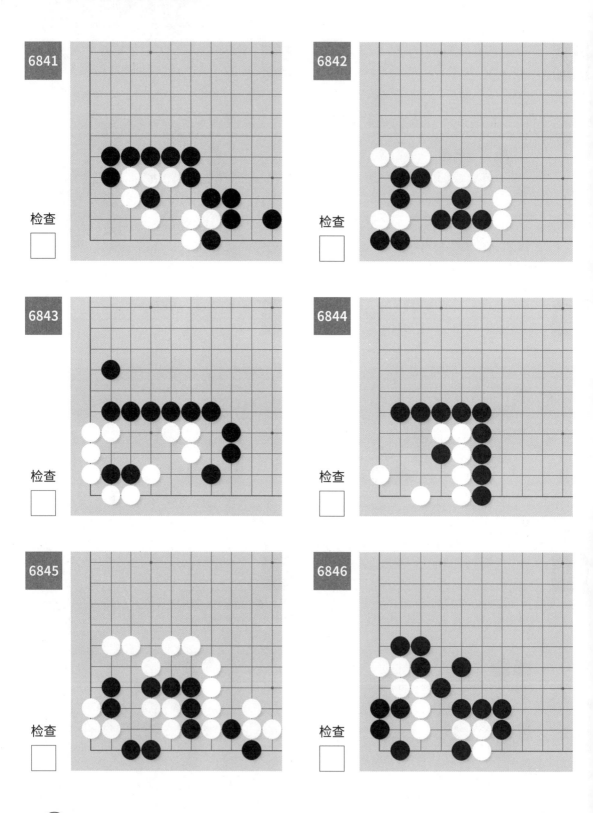

6847

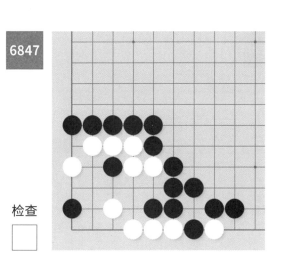

检查 □

6848

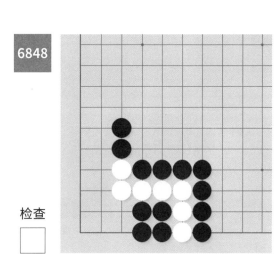

检查 □

6849

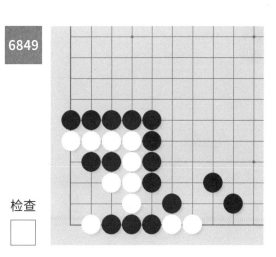

检查 □

6850

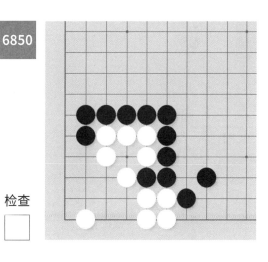

检查 □

6851

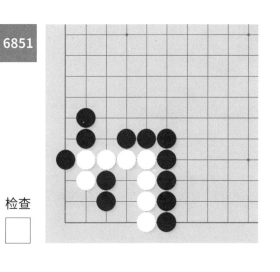

检查 □

6852

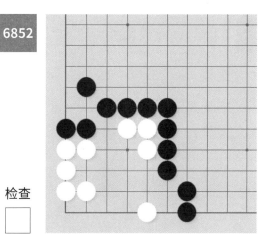

检查 □

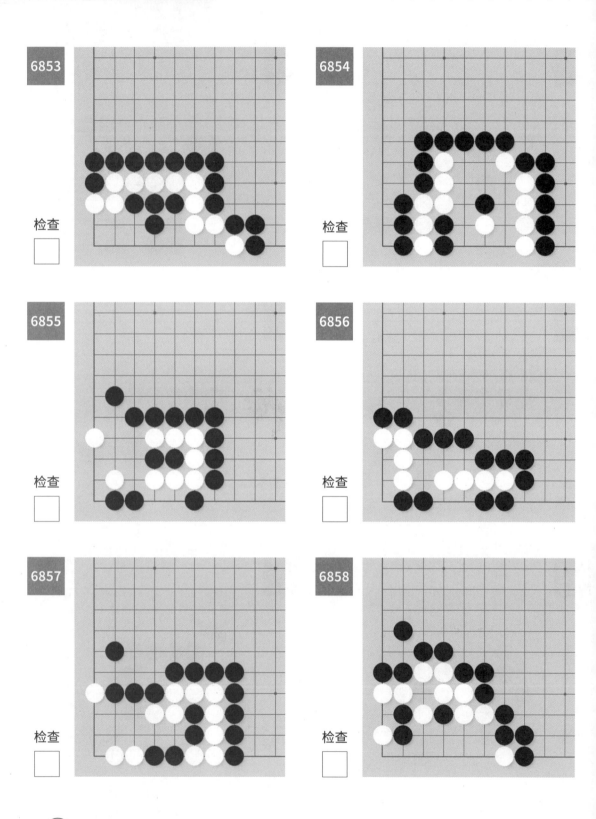

6859

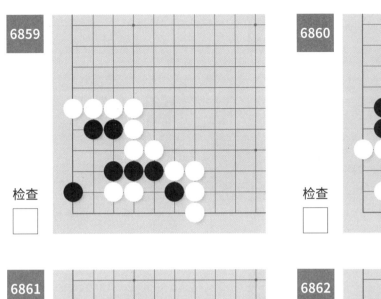

检查

6860

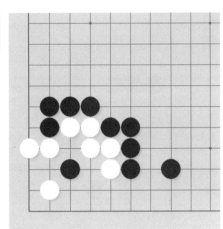

检查

6861

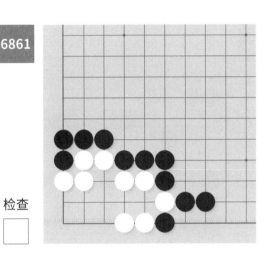

检查

6862

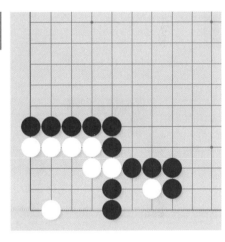

检查

6863

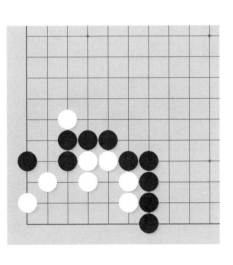

检查

6864

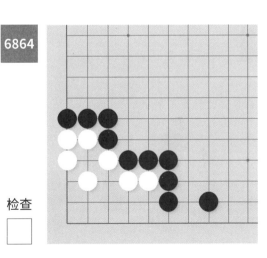

检查

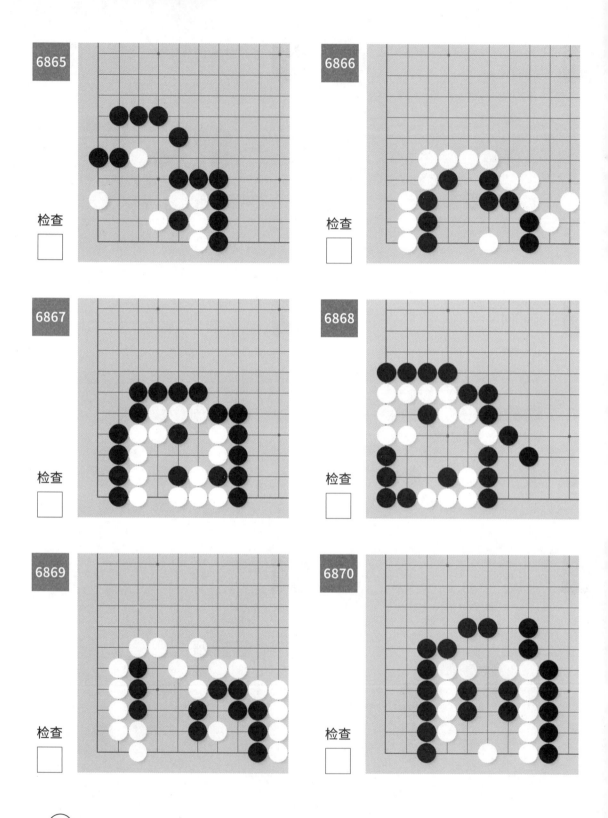

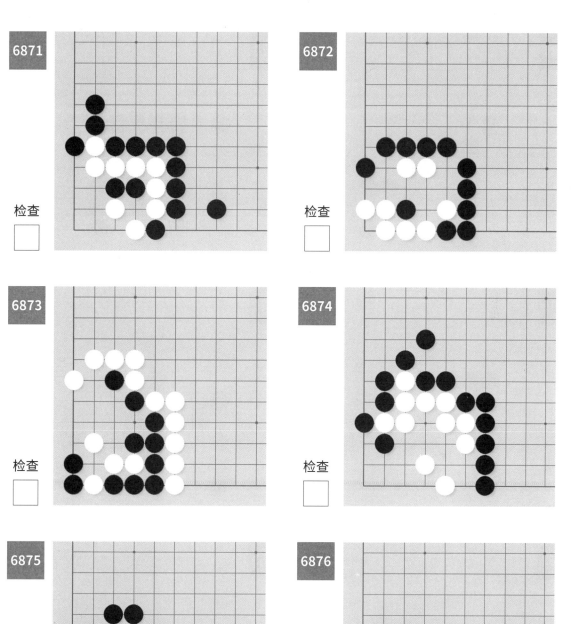

6871 检查

6872 检查

6873 检查

6874 检查

6875 检查

6876 检查

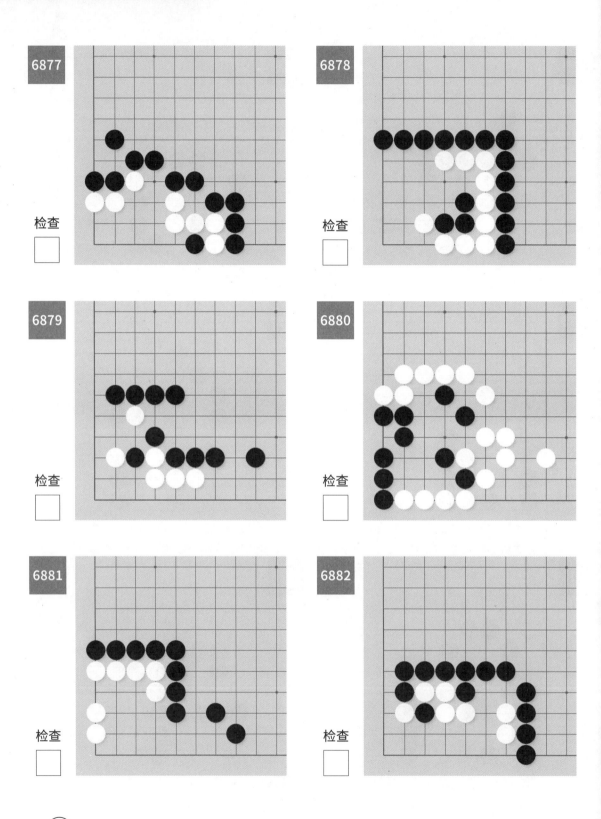

6877

检查

6878

检查

6879

检查

6880

检查

6881

检查

6882

检查

6883
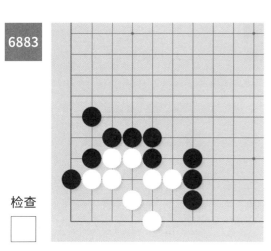
检查

6884

6885
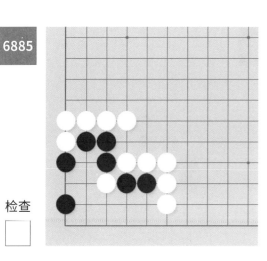
检查

6886
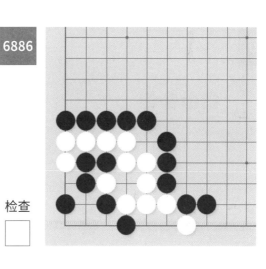
检查

6887
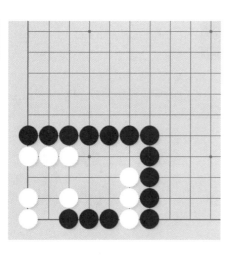
检查

6888
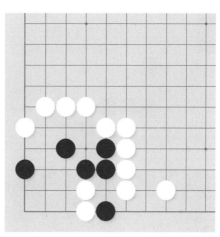
检查

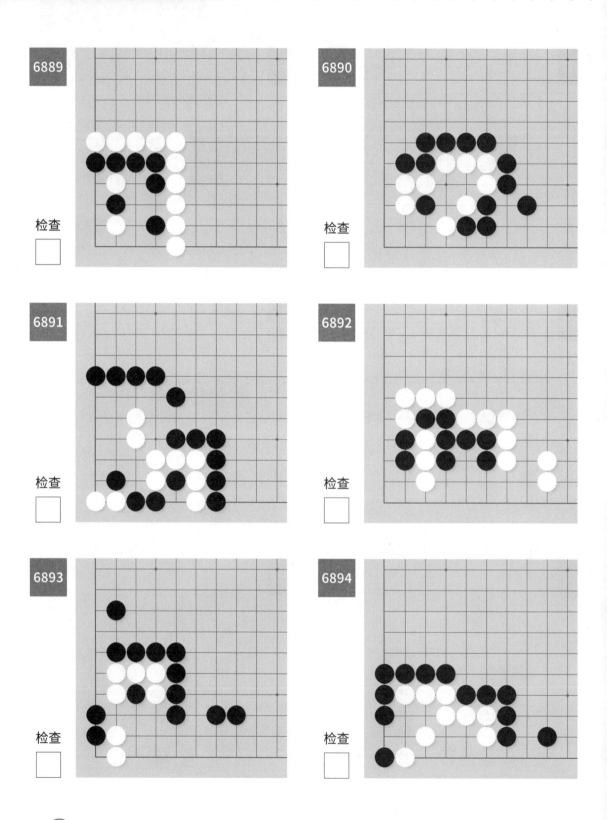

6895

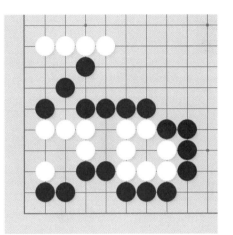

6896

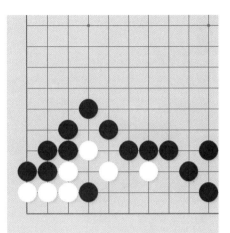

检查

6897

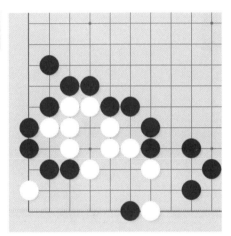

检查

6898

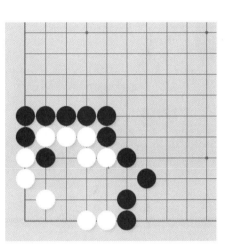

检查

6899

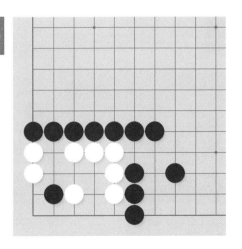

检查

6900

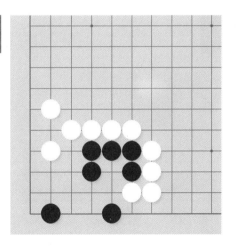

检查

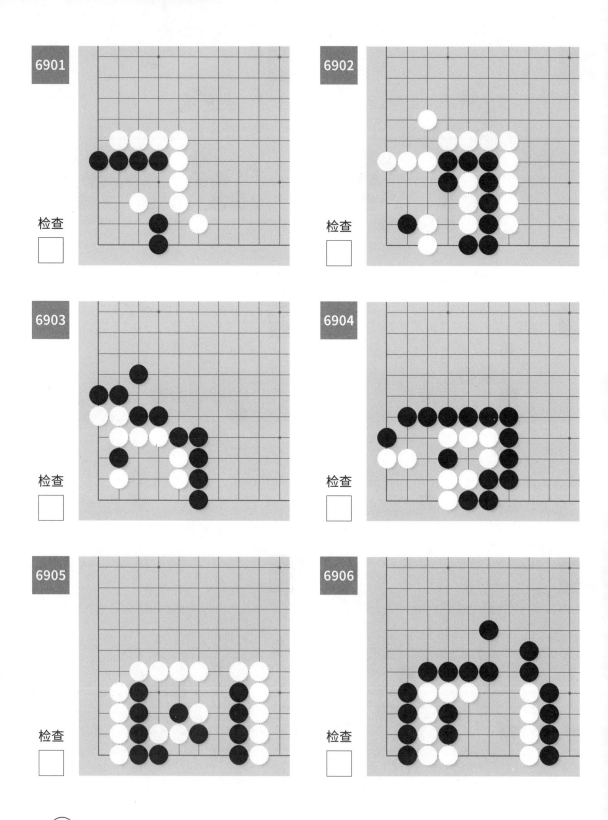

6901 检查

6902 检查

6903 检查

6904 检查

6905 检查

6906 检查

6907

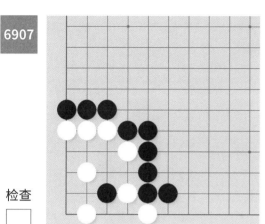

检查

6908

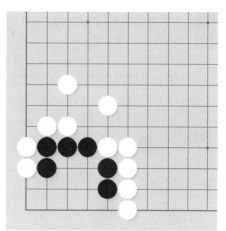

检查

6909

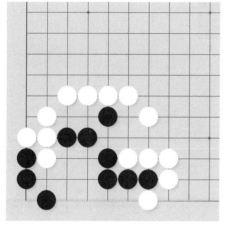

检查

6910

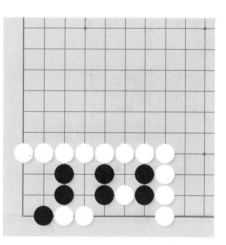

检查

6911

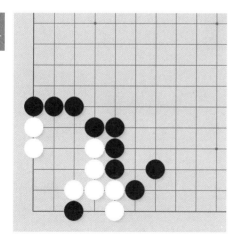

检查

6912

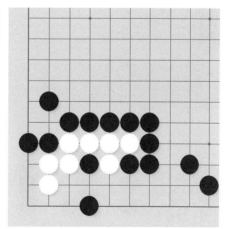

检查

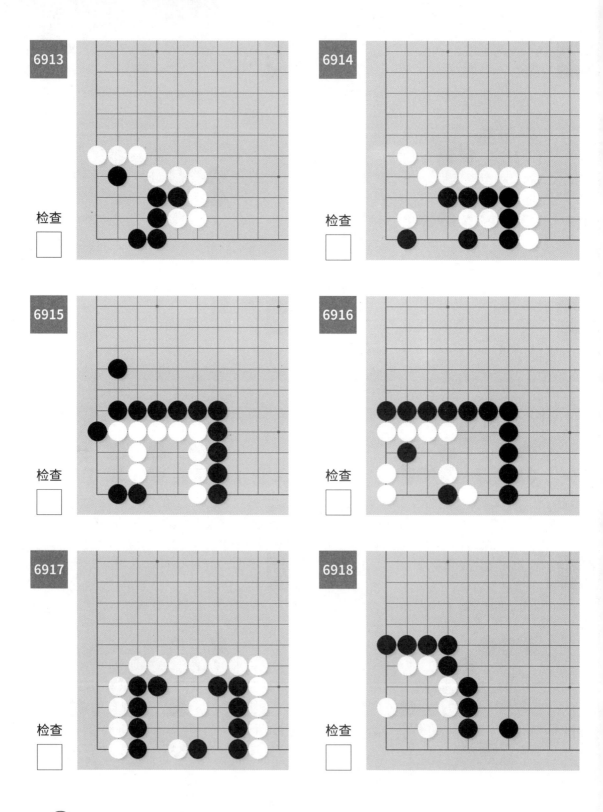

6919
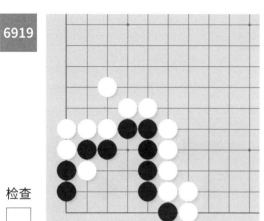
检查

6920
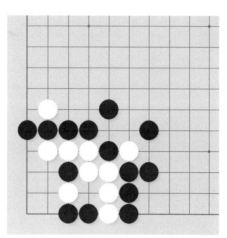
检查

6921
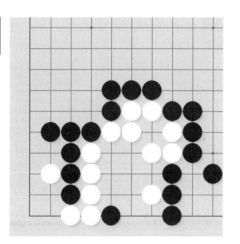
检查

6922
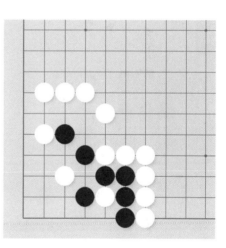
检查

6923
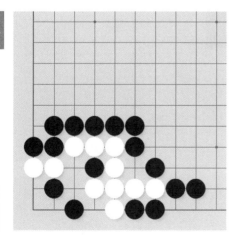
检查

6924
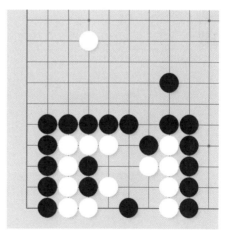
检查

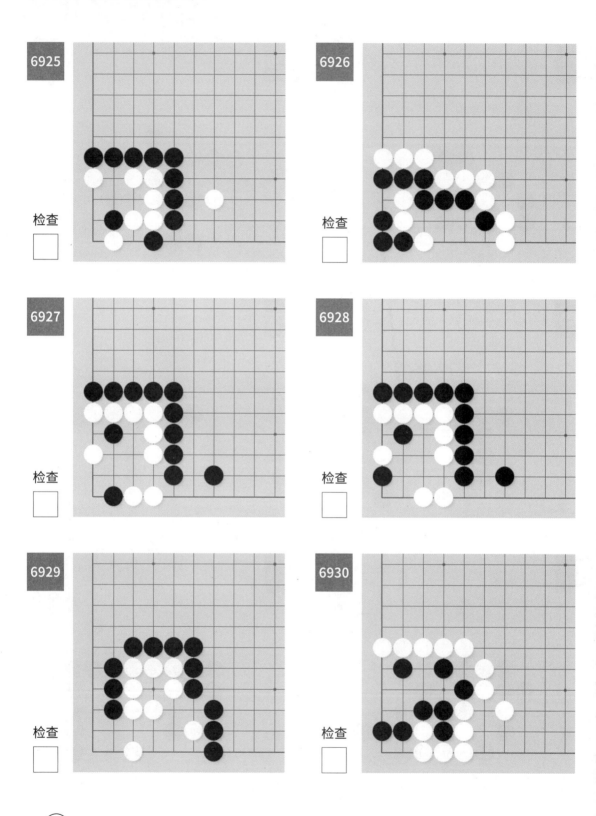

6931

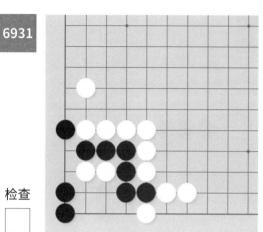

检查

6932

检查

6933

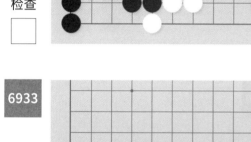

检查

6934

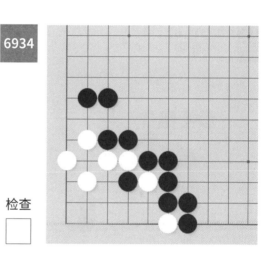

检查

6935

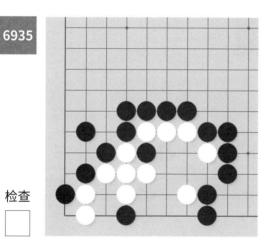

检查

6936

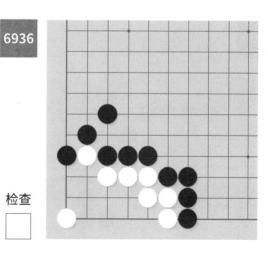

检查

173

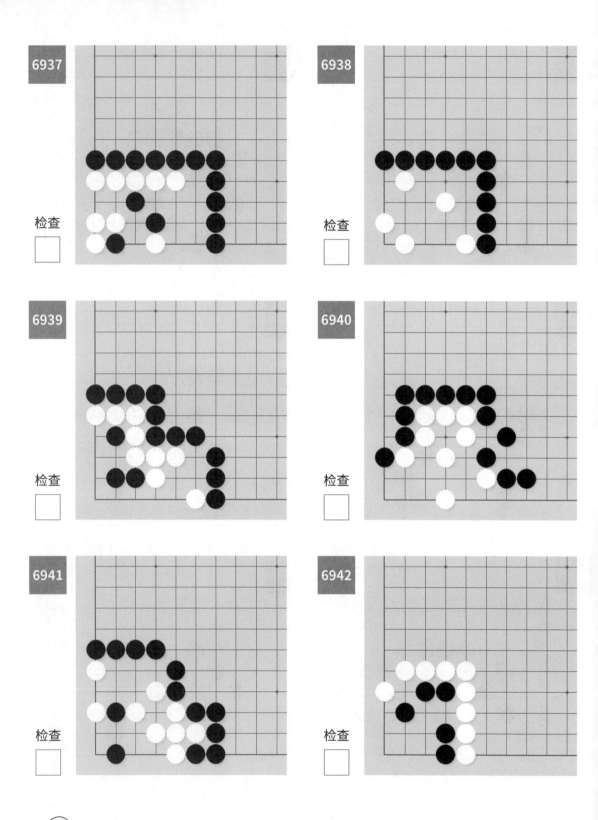

6943

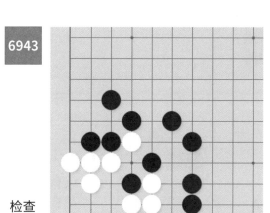

检查

6944

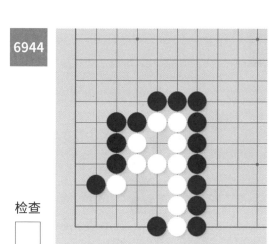

检查

6945

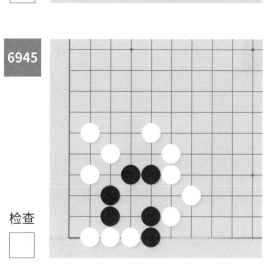

检查

6946

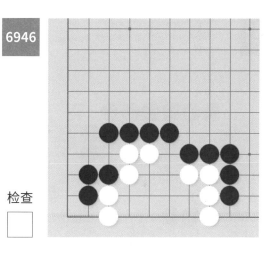

检查

6947

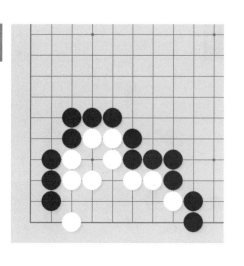

检查

6948

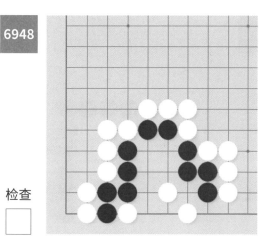

检查

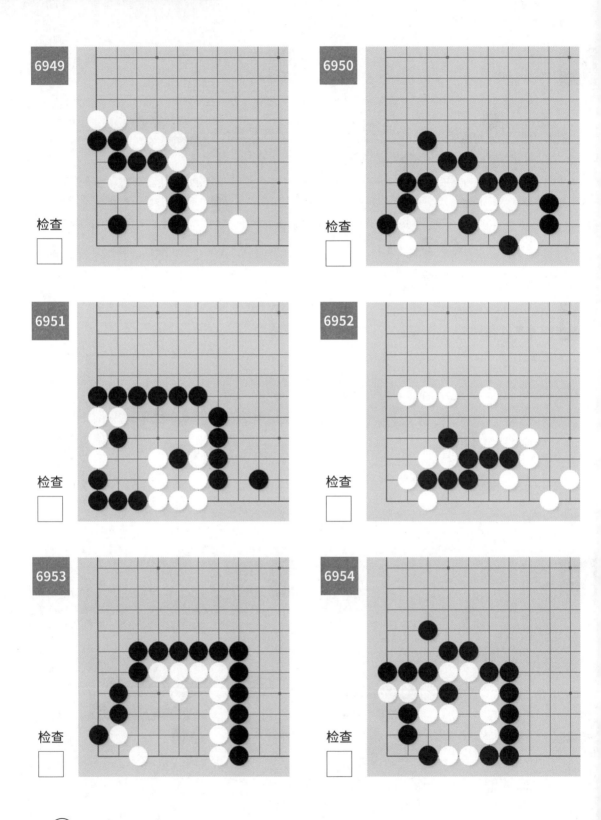

6955
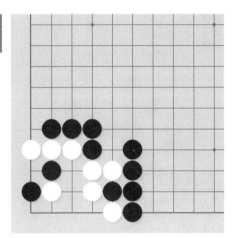

检查

6956
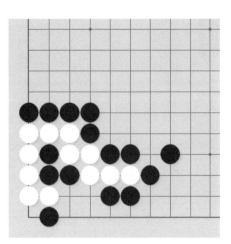

检查

6957
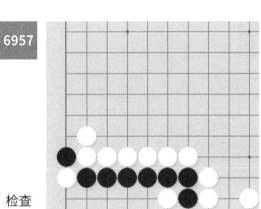

检查

6958
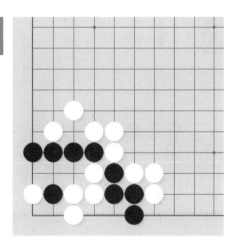

检查

6959
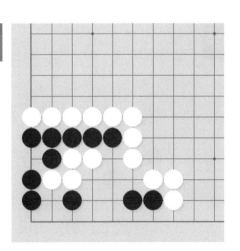

检查

6960
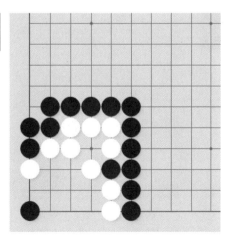

检查

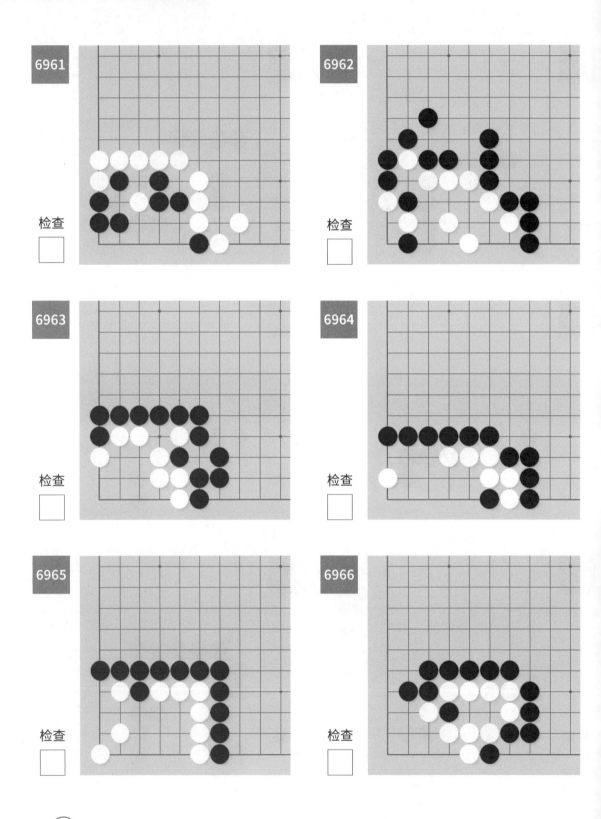

6967
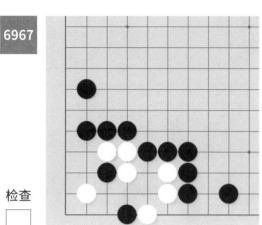

检查

6968
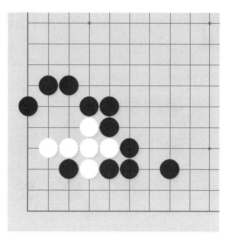

检查

6969
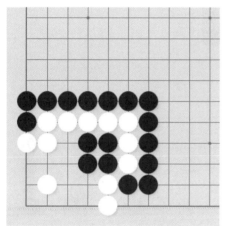

检查

6970
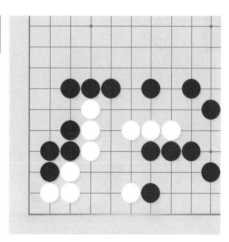

检查

6971
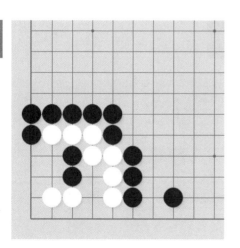

检查

6972
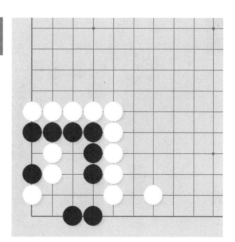

检查

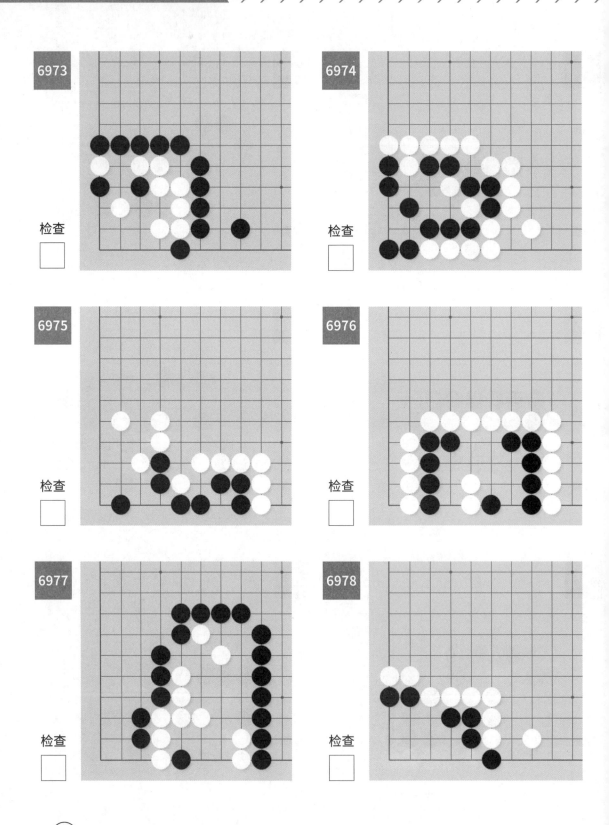

6979

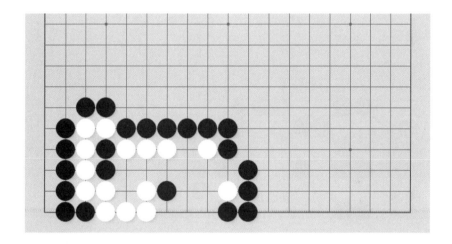

6980

6981

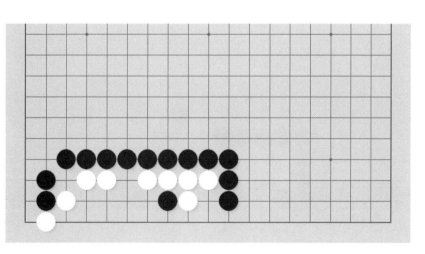

6982

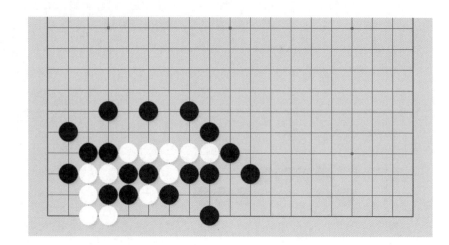

检查

6983

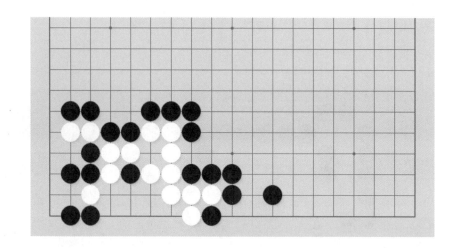

检查

6984

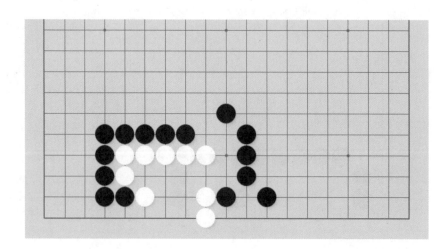

检查

6985

检查

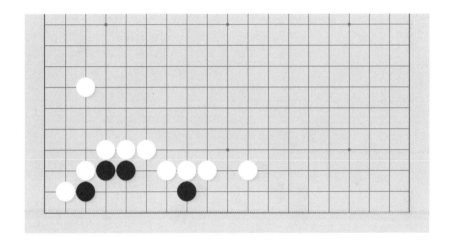

6986

检查

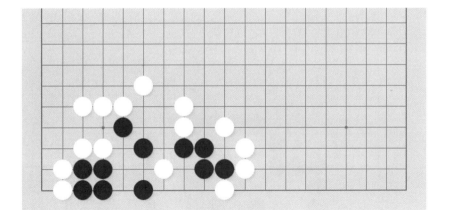

6987

检查

6988

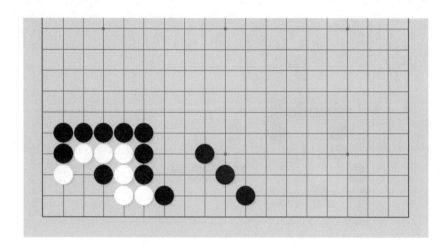

检查

6989

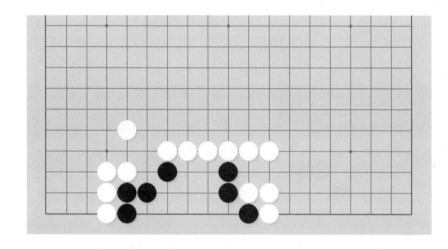

检查

6990

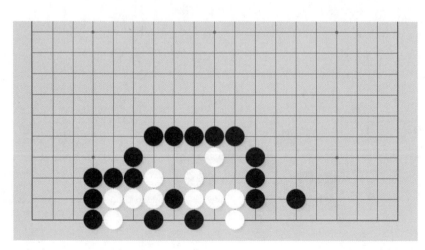

检查

6991

检查

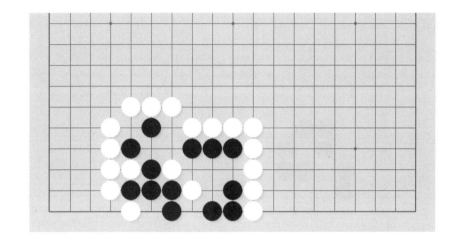

6992

检查

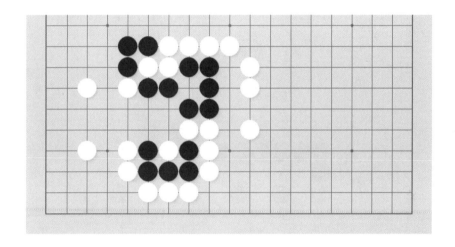

6993

检查

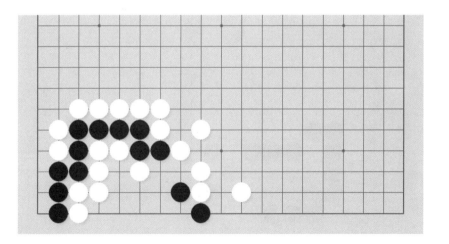

6994

检查

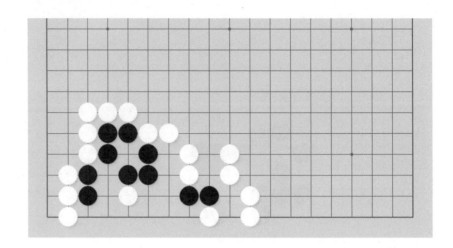

6995

检查

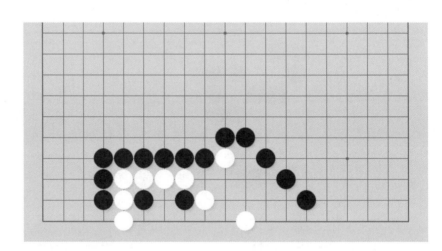

6996

检查

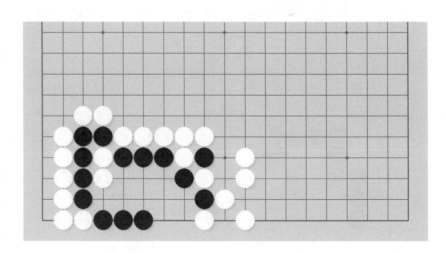

6997

检查

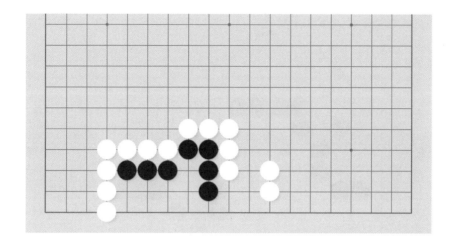

6998

检查

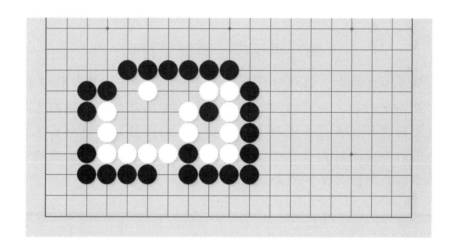

6999

检查

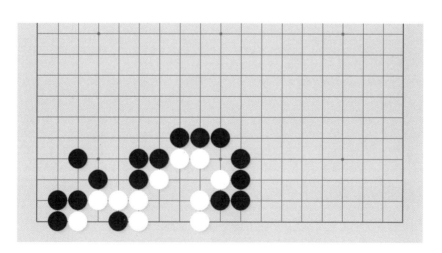

7000

检查

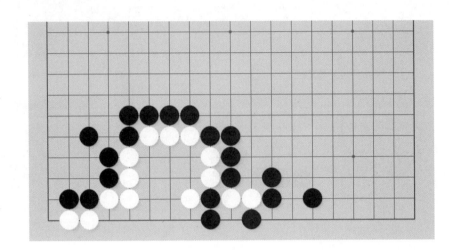

每一道诘棋答案都要背吗？

　　很多人总好奇，诘棋题目是否做过就应该要花时间记得解答呢？

　　在这个问题上，我的回答是除了死活常形之外是不用的（名闻棋坛的赵治勋老师也是这么说的）。一模一样的诘棋在实战中出现的比例极低，因此不需要特别去记忆。我们对于诘棋训练的重点是在培养自己的计算力，去解决更多实战会遇到的问题。

——陈禧